달섬 세계고전

20

기울지 않는 추 **중용**

中庸

기울지 않는 추
중용

황갑연 역주

달섬

목차

중용

작품 해설

『중용』, 어떤 고전인가?

1. 『중용』은 누구에 의해 언제 저술되었는가?

사서四書 중의 한 서책으로 알려진 『중용』은 원래 『예기禮記』[小戴禮記] 49편 중 제 31편이었다.[1] 그러나 주희에 의해 『중용』과 『대학』이 사서로 편성된 이후 일반인들에게 이 두 경전은 『예기』 중의 한 편으로 인식되기보다는 사서 중의 한 경전으로 더 잘 알려져 있다. 심지어 상당수 사람들은 이 두 경전의 원래 소속처가 『예기』라는 사실을 아예 인지조차 하지도 못한다.

현전現傳하는 『예기』의 『중용』은 정현鄭玄의 '주注'와 공영달孔穎達의 '소疏'로 구성되어 있다. 본래 정현은 『중용』을 여러 장으로 나누지 않았다. 대만의 저명한 역사학자인 전목錢穆은 현전하는 『예기』의 분장이 정현에 의하여 이루어진 것이라고 하지만, 이는 사실이 아니다. '소'를 저술한 공영달이 분장했다. 공영달은 '소'

1 『대학』은 『예기』 제 42편이다.

에서 『중용』을 2권 33장으로 나누었다. 지금의 『예기주소禮記注疏』「권52」와 「권53」이 바로 그것이다. 송 대에 정이程頤는 『중용』을 36장으로 나누었고,[2] 주희는 33장으로 분장했다. 이밖에도 몇 가지 분장법이 출현했지만 크게 유행되지 않았다. 이처럼 분장이 서로 다르기 때문에 그것에 따라서 약간의 의미 차이는 발생할 수 있을 것이다. 그러나 분장에 대해서는 이견이 나타났지만 『중용』 원문 문구와 순서에 대해서는 서로 이견이 없었고, 또 내용을 첨가하거나 임의적으로 어떤 문구를 지적하여 불필요한 연문衍文이라고 삭제하지도 않았다. 때문에 『대학』처럼 고본대학古本大學과 개본대학改本大學이라는 판본이 출현하지 않았고, 이에 대한 논쟁도 발생하지 않았다.

『중용』이라는 경전은 『대학』과 마찬가지로 주희에 의하여 사서로 편찬되기 전까지 학계의 특별한 주목을 받지 못했다. 『한서漢書』「예문지藝文志」 '육예략예류六藝略禮類'에 「중용설中庸說」 두 편이 기록되어 있고, 『수서隋書』「경적지經籍志」에는 「예기중용전禮記中庸傳」 두 권이 실려 있으며, 양무제梁武帝도 「중용강소中庸講疏」를 지었다고 하고, 또 당 대에는 이고李翶가 「중용설中庸說」 한 권을 지었다고 한다. 그러나 이상의 작품은 모두 실전되어 현전하지 않는다.

『중용』에 대한 연구는 송 대에 이르러 본격적으로 진행된다.

---

2 『이정전서二程全書』「중용해中庸解」

그렇지만 비록 송 대에 본격적으로 연구되기 시작했지만『중용』 연구 학술사에서 이고의 역할을 결코 간과해서는 안 될 것 같다. 이고의「중용설」은 전해지지 않고 있지만 그의 또 다른 저작인『복성서復性書』「상·중·하」3편에서 이고는『중용』의 내용을 심도 있게 논의한다. 확실히 이고는 송 대『중용』 연구의 선하先河였다고 할 수 있다. 따라서 송 대『중용』 연구 기풍 조성에 이고의 영향을 결코 홀시해서는 안 된다.

송 초기에『중용』에 관한 연구는 호원胡瑗과 진양陳襄·교집중喬執中 그리고 사마광司馬光 등에 의하여 진행되었지만『중용』에 관한 철학적 연구는 마땅히 정호[程顥-明道]와 정이[伊川] 형제에 의하여 본격적으로 시작되었다고 해야 할 것이다. 그들은『중용』을 공자철학 전수의 심법心法으로 규정했다. 즉『중용』을 성리학의 기본정신인 공맹철학의 정전正傳으로 인식한 것이다. 또 두 형제 언설을 수록한『이정전서二程全書』에「중용해中庸解」한 편이 수록되어 있다. 이것만을 보아도『중용』을 유가철학 핵심 경전 반열에 올려놓고서 철학적 연구를 시작한 것은 마땅히 이정[二程-정호와 정이] 형제라고 해야 할 것이다.

남송에 이르러 성리학 종합자인 주희는 이정, 그중에서도 정이의 철학을 계승했고, 아울러『중용』에 관해서도 전문적 연구를 진행했는데,『중용장구中庸章句』와『중용혹문中庸或問』이 그의 대표적 연구 성과이다. 주희는 또한『논어』와『맹자』그리고『대학』

과 『중용』을 사서로 합간했다. 주희 당시에는 주희의 성리학이 위학僞學으로 비판받았지만 주희 사후 20년도 되지 않아 그의 성리학은 왕실의 승인을 얻었고, 이후 사서는 과거시험의 주요 교재였기 때문에 유학자를 비롯한 사대부 계급의 필독서로 자리 잡았으며, 『중용』도 유학의 근본 경전으로 함께 승격되었다.

그렇다면 『중용』이라는 경전은 언제 누구에 의하여 저술되었는가? 『중용』 저술 시기는 저자와 함께 논의되어야 한다. 일반적으로 『중용』의 저자를 공자의 손자인 자사라고 하지만 객관적 고증을 거쳐 나온 주장은 아니다. 『사기史記』「공자세가孔子世家」에 다음과 같은 기록이 있다.

> 백어가 급을 낳았는데, 자는 자사이다. 62세에 죽었다. (자사는) 일찍이 송에서 위험에 처한 적이 있었는데, 이때 자사가 『중용』을 지었다.
>
> 伯魚生伋, 字子思. 年六十二. 嘗困於宋, 子思作中庸.

백어는 공자의 아들인 공리孔鯉이고, 그의 아들인 급伋이 바로 우리에게 잘 알려진 자사이다. 또 비록 위서僞書이지만 『공총자孔叢子』라는 책에는 '자사가 일찍이 송나라에서 송 대부인 악삭이라는 사람에게 자칫 죽을 수도 있는 위험에 처한 적이 있었는데, 그러한 곤경을 벗어나면서 옛 성현인 문왕과 공자가 『주역』과 『춘추』를 지은 상황을 예로 들면서 『중용』 49편을 찬술했다'[3]는 내용이 수록되어 있다. 그러나 『공총자』라는 책이 위서이기 때문에 기록 자체를 신뢰할 수 없고, 『사기』「공자세가」 내용 역시 마찬가지이다. 이것 외에 『중용』 자사 저작설을 주장한 사람들이 있는데, 그중 대표적 학자는 동한東漢의 정현이다. 그 후 송 대에 이르러 정호와 정이 형제에 의하여 『중용』의 학술적 지위가 확고하게 정립되었는데, 그들은 모두 『중용』은 증자에 의하여 전승된 공자철학 심법을 전수한 것이고, 저자는 자사이며, 다시 맹자가 이를 계승했다고 주장한다. 『중용』이 정말로 자사에 의하여 저술되었다면 그 시기는 맹자 이전이기 때문에 전국시대 초기라고 해야 할 것이다.

이정과 주희가 모두 『중용』 저자를 자사라고 주장했지만 이는 철저한 객관적 고증을 거친 학설이 아니라 그들 학술 도통에서 비롯된 것이다. 주희철학의 핵심 개념은 리기론理氣論과 심성론心性論 그리고 공부론工夫論 방면에서 여러 가지로 제시할 수 있지만 성즉리가 그 중 하나임은 분명하다. 주희 성즉리는 맹자 성선설을 계승한 것이다. 즉 주희 성리학의 종사宗師는 맹자이다. 따라서 주희철학에서 학술 도통道統의 기준점은 맹자가 되어야 한다.

3 『孔叢子』「居衛 第七」, "子思年十六, 適宋. 宋大夫樂朔與之言學焉…樂朔不悅而退, 曰 : '孺子辱吾'…遂圍子思. 宋君聞之, 駕而救子思. 子思旣免, 曰 : '文王厄於羑里而作周易, 祖君屈於陳蔡作春秋. 吾困於宋, 可無作乎?' 於是撰中庸之書四十九篇."

맹자는 자사 문인에게 수학했기 때문에 맹자의 종사는 자사이고, 자사는 증자의 제자이기 때문에 주희철학의 도통은 공자에서 증자로, 다시 자사에서 맹자 그리고 주희 자신에게 이어진다. 이 네 명의 위대한 스승의 학술을 기록한 것이 바로 사자서四子書[4], 즉 사서인 것이다. 비록 언행록이지만 공자에게는 『논어』라는 서책이 있고, 맹자는 『맹자』, 확실한 근거는 없지만 자사에게는 『중용』이 있다. 그런데 오로지 증자만이 저술이 없다. 그렇다면 주희 성리학의 도통에는 결함이 있을 수밖에 없다. 『대학』 증자 저작설은 이러한 주희의 도통설 배경에서 정립된 것이다. 이처럼 아무런 전거도 없는 상황에서 『대학』의 저자를 증자로 설정한 주희인데, 『중용』 자사 저작설에 대한 주희의 믿음은 어떠했겠는가? 『중용』 자사 저작설은 주희에 이르러 확고하게 재정립되어 성리학 전통에서는 불변의 사실로 전해지고 있다.

그러나 주희 이전부터 이미 『중용』 자사 저작설에 대한 의문이 나타났다. 먼저 송 대에는 구양수歐陽修와 섭적葉適 그리고 진선陳善과 왕백王栢 등이 『중용』은 실행을 근거로 논의한 『논어』와 달리 현묘함과 추상성이 강하기 때문에 공자철학을 전승한 것이 아니고, 또 『중용』에는 후대 유가 학설이 혼재되어 있기 때문에 설령 자사가 지었다고 할지라도 모두 다 자사의 저술은 아니라고 주장

4 주희가 처음 『논어』·『맹자』·『대학』·『중용』을 간각刊刻할 때는 사서라고 하지 않고 사자서四子書라고 칭했다

한다. 청 대에 이르러 고증학이 발달하자 『중용』 자사 저작설에 대한 의구심은 더욱 증폭되었는데, 대표자는 원매袁枚와 섭유葉酉이다. 그들에 의하면 '공자는 노나라 사람이고, 맹자는 추나라 사람이기 때문에 높은 산은 말할 때는 그 일대에서 가장 높은 산인 태산泰山을 드는데 오로지 『중용』에서만 태산을 언급하지 않고 화악華嶽을 든다'고 한다. 화악이라는 산이 어떤 산을 지칭하는가에 대해서는 여러 이설이 있다. 그러나 원매의 주장에 따르면, 화악이 화산華山이라면 동쪽과는 전혀 다른 위치인 진나라의 섬서陝西 지방에 있기 때문에 자사가 언급하기 어렵다는 것이다. 또 자사가 진나라의 영토에 갔다는 기록도 없다. 때문에 섭유는 아마 『중용』은 서쪽지방인 장안 사람이 지은 것인데 자사의 명성에 위탁한 것이 아닌가라는 의심을 한다.

이 외에 청 대의 고증학자인 최술崔述을 비롯하여 현대의 서복관徐復觀, 장백잠蔣伯潛, 전목錢穆, 모종삼牟宗三, 노사광勞思光 등이 『중용』과 공자 그리고 저술 시기와 저자에 관한 학설을 제시했지만 그것들 역시 확실한 객관적 근거는 부재한 것이어서 『중용』의 저작 시기와 저자에 대한 정론은 없다고 해야 할 것이다.

2. 중용의 유래와 의미

중용은 동서양을 막론하고 좋은 덕행의 원리 혹은 품덕으로 인식되어 왔다. 그러나 『중용』이라는 서책에 출현하는 '중' 자와 '용' 자의 의미는 어느 곳에서보다도 크게 사용되고 있다. 『중용』「1장」에서 '중'을 '천하의 위대한 근본[中也者, 天下之大本也]'이라고 규정한 것이 대표적인 예이다. 『중용』처럼 '중'을 천하의 위대한 근본으로 규정하지는 않았지만 『논어』에서도 중용을 지극한 덕[至德]으로 규정하기도 한다.

> 요임금이 말했다. 순아 하늘의 운수가 네게 와 있으니 모든 일에 그 중을 잘 잡아서 시행하라.[5]

> 공자가 말했다. "중용의 도리는 참으로 지극한가 보다! 사람들 중에서 (중용의 도리를) 온전하게 실행할 수 있는 사람이 적게 된지 오래되었구나."[6]

『논어』「요왈」 편의 '중'이 덕행을 의미하는지, 아니면 덕성을 의미하는지는 분명하지 않다. 그러나 좋은 덕과 관련된 것임은 분명하다. 「옹야」 편의 내용은 『중용』「3장」에 동일하게 실려 있다. 이때의 중용은 지극한 덕으로 해설할 수 있지만, 그것이 '경지를 지칭하는지, 아니면 원리를 의미하는지' 역시 분명하지 않

5 『論語』「堯曰」, "咨爾舜, 天之曆數在爾躬, 允執其中."
6 『論語』「雍也」, "中庸之爲德也, 其至矣乎! 民鮮久矣."

다. 설사 두 가지 의미를 모두 포함한다고 할지라도 지극함이라는 의미에는 아무런 영향을 끼치지 않는다. '중' 자는 다른 경전에서도 좋은 덕행 혹은 좋은 덕성 의미로 사용되어 왔다.[7]

'중'과 '용'에 관한 정현과 공영달 그리고 주희 해설은 표현만 다를 뿐 본질적 의미는 서로 통한다. 정현은 "용은 항상의 의미이다. 치우치지 않게 쓰는 것이 바로 상도이다"[8]라고 했고, 이에 대하여 공영달은 "중용이라는 명칭으로써 중화의 쓰임을 기록한 것이다. 용은 쓰임이다"[9]라고 한다. 또 주희는 "중이라는 것은 어디에도 치우치지 않고 지나치지도 않으며 부족하지도 않는 것의 명칭이며, 용이라는 것은 평상적인 것을 의미한다"[10]고 했으며, "치우치지 않는 것을 중이라고 하고, 바뀌지 않는 것을 용이라고 한다. 중이라는 것은 천하의 정도이며, 용이라는 것은 천하의 정리이다"[11]라고 했다.

위 세 사람의 말을 종합하면 '중'과 '용'의 의미는 다음과 같이

---

7 "너희들은 영원히 자아 성찰을 해야만 중정의 미덕에 합치할 수 있다[爾克永觀省, 作稽中德]『書經』「酒誥」" · "용은 중과 정의 덕성을 가진 자이다[龍德而中正者也]『易經』「乾 · 文言」" · "위의 건도 문명이 건으로서 운행하면 아래의 곤이 중정의 위치에서 그와 상응한다. 이것이 바로 군자가 시행해야 할 도의 상징이다[文明以健, 中正而應, 君子正也]『易經』「同人」

8 『禮記注疏』「卷52 · 中庸」, "庸, 常也. 用中爲常道也."

9 『禮記注疏』「卷52 · 中庸」, "名曰中庸者, 以其記中和之爲用也. 庸, 用也."

10 『中庸章句』, "不偏不倚無過無不及之名. 庸, 平常也."

11 『中庸章句』, "不偏之謂中, 不易之謂庸. 中者, 天下之正道. 庸者, 天下之定理."

요약할 수 있다.

첫째, 중은 어디에도 치우치지 않고 지나치지도 않으며 부족하지도 않는 것의 명칭이다.

둘째, 중은 중화의 의미이다.

셋째, 용은 쓰임의 의미이다.

넷째, 용은 불변, 즉 항상의 의미이다

다섯째, 용은 평상의 의미이다.

주희가 중을 '어디에도 치우치지 않고 지나치지도 않으며 부족하지도 않는 것의 명칭'으로 규정했는데, 이는 중에 대한 형식적인 의미임과 동시에 중의 실질적 의미를 가장 정확하게 드러낸 것이라고 할 수 있다. 이 규정은 현실적 공간, 그리고 인간의 행위와 마음 상태 등 모든 영역에 적용할 수 있다. 공영달은 중을 중화라고 했지만, 이때의 중이 『중용』에서처럼 "천하의 위대한 근본이면서 천하 모든 사람들에게 적용될 수 있는 도"를 의미한 것인지에 대해서는 확실하지 않다.

'용庸' 자는 최소한 세 가지 의미로 나누어 해설할 수 있지만, 세 가지 의미는 서로 유기적으로 통할 수 있다. '용' 자에는 '용用' 자가 포함되어 있다. 공영달은 "중용이라는 명칭으로써 중화의 쓰임을 기록한 것이다"라고 하면서 "용은 쓰임이다"라고 했다. 또 '용'은 '불변의 항상' 의미로 사용된다. 왜 용은 쓰임인데 불변하는가? 바로 마음에 사심을 두지 않고 쓰임을 발휘하기 때문에 어느 상황 어느 누구에게도 동일한 원칙을 적용할 수 있는 것이다. 때문에 항상함을 유지할 수 있다. 이곳에서 주의해야 할 점은 '용' 자가 쓰임으로 사용되지만 불변의 항상함과 연결되기 위해서는 '어디에도 치우치지 않은 무사심無私心의 쓰임이다'는 점이다. 즉 가치중립적인 일반 쓰임이 아니라 덕행과 관련된 쓰임, 즉 위대한 쓰임[大用]으로 이해해야 한다.

마지막으로 용은 평상, 즉 '가장 일반적이다'는 의미이다. 『중용』「13장」의 "평상시에 해야 할 덕행을 진심진력하여 실천하고, 평상시에 하는 말들을 조심한다"[12]에서 '용덕庸德'과 '용언庸言'의 '용'이 바로 평상의 의미이다. 특별한 것은 사람들의 이목을 쉽게 끌 수 있지만 오랫동안 지속되지 못한다. 반면 가장 일반적인 평상은 사람의 이목을 빠르게 끌지는 못하지만 은은하면서도 오랫동안 지속된다. 불변의 항상은 바로 평상의 속성 때문에 유지될 수 있는 것이다. 가정이라는 공동체에서 효도[孝]와 형제간의 우애[弟], 사회에서 신뢰[信]와 배려[恕] 그리고 국가라는 공통체에서 합리성과 정당성[義] 그리고 군주에 대한 충성[忠] 등은 가장 평상적인 덕목이다. 때문에 동서고금 모든 이성을 소유한 인류에게 유효하게 적용되고 있는 것이다. 주희는 『중용혹문』에서 "오로지 평상적인 것만이 영원할 수 있고, 불변할 수 있다"[13]고 했다.

---

12 『中庸』「13章」, "庸德之行, 庸言之謹."

13 『中庸或問』, "唯其平常, 故可常而不可易."

평상과 불변 그리고 쓰임 의미는 외연적 의미만 다를 뿐 내용은 서로 유기적으로 관통되어 있다.

3.『중용』의 형이상학 성격

유가철학발전사에서『중용』이 기여한 철학적 성과는 무엇인가? '중용'이 곧 윤리이기 때문에『중용』의 첫 번째 성과는 당연히 윤리학이다. 그러나『중용』의 성과는 결코 윤리학에 그치지 않는다. 역자는『중용』 철학의 두 번째 성과로서 도덕형이상학을 든다. 공자에서 맹아 되어 맹자에게 전승된 도덕형이상학 규모가『중용』에 이르러 초보적 완성을 이룬다. 도덕형이상학은 서양철학사에서는 물론이고 동양의 도가와 불가에서도 찾아볼 수 없는 유가철학만의 고유한 형이상학 사유이다.

도덕형이상학, 일반인은 물론이고 철학 전문 연구자에게도 생소한 학술용어이다. 일반적으로 형이상학은 존재에 관한 학술범주인데, 왜 가치의 학술범주인 도덕과 결부되어 도덕형이상학이라고 하는가? 언뜻 보면 도덕 원리와 근거를 형이상학이라는 체계를 차용하여 해설하는 것 같은데, 결코 그렇지 않다. 또 사실적 존재 원리로써 당위적 도덕 가치를 해설하는 것이라고도 생각하는데 이 역시 도덕형이상학의 의미가 아니다. 혹자는 주희의 도덕론을 오해하고서, 리기라는 존재의 원리로써 가치론[심성론과 행위론 및 공부론 등]을 해설하기 때문에 이것이 바로 도덕형이상학이 아닌가라고 생각하기도 한다. 그러나 이는 주희도덕론에 대한 잘못된 이해일 뿐만 아니라 도덕형이상학 의미와도 부합하지 않는다. 주희는 결코 사실의 존재원리로써 가치론을 규정하지 않는다. 오히려 가치로서 존재를 규정한다. 주희철학에서 태극太極과 리가 바로 도덕 그 자체라는 점이 이를 증명한다.

유가철학 형이상학은 도덕 가치로서 인간을 포함한 만물의 존재 의미[존재성]를 결정한다. 또 도덕 가치 실현과 만물의 부단한 생성 변화를 하나의 '생'이라는 작용과 가치로 인식하고서 도덕 실천을 통하여 존재의 진정한 의미를 완성하려는 도덕형이상학[실천형이상학]이다. 이러한 도덕형이상학의 규모와 체계가 바로 『중용』에서 초보적으로 정립된다. 이후 유가철학 형이상학은 『중용』에서 결정된 도덕형이상학의 구체적 전개와 발전이라고 할 수 있다.

『중용』과 송명유학처럼 분명하게 표현되지는 않지만 도덕형이상학의 맹아는 공자로부터 시작되었다. 『논어』에 다음과 같은 구절이 있다.

> 사람이 살아가는 도리는 정직이다. 정직하지 않으면서도 살아 있는 것은 요행히도 죽음을 모면한 것이다."[14]

주희는 이 구절에 대하여 여러 논의를 개진했는데, 그 기록은 『주자어류』에 많이 실려 있다. 어떤 사람이 정직함과 죽고 사는 것에 관하여 묻자 주희는 "원래 사람이 살아가는 것은 모두 정직한 도리 때문이다. '망罔'은 정직한 도리를 위배한 것이다. 마땅히 인仁해야 할 때 인하지 않고, 마땅히 의로워야 할 때 의롭지 않은 것은 모두 정직한 도리를 위배한 것이다. 이렇게 되었다면 마땅히 죽어야 한다. 만약 그때 죽지 않았다면 이는 죽음을 요행히 면한 것이다"[15]라고 말했다. 주희 해석은 공자의 본래 뜻과 본질적으로 다르지 않을 것이다. 정직하지 못한 사람, 즉 도덕적인 삶을 살지 못하는 사람은 모두 죽는가? 그렇지는 않다. 비도덕적, 심지어 반도덕적 삶을 살고 있는 사람도 살아있다. 이러한 유형의 사람에 대하여 공자는 '요행[幸]'이 살아있는 것이라고 한다. 다시 말하면 마땅히 죽어야함에도 불구하고 살아있는 것은 요행이라는 것이다. '요행'은 정직하지 못하면서 살아있는 사람의 존재 의미를 부정한 것이다. 물론 자신의 존재성, 즉 존재 가치를 얼마든지 회복할 수 있지만 최소한 정직하지 못했던 그 순간만큼은 존재 가치가 부정된다. 이러한 도덕형이상학은 맹자에 이르러 좀

---

14 『論語』「雍也」, "人之生也直. 罔之生也, 幸而免."

15 『朱子語類』「卷32」, "或問'人之生也直.' 曰 : '人之生, 元來都是直理. 罔, 便是都背了直理. 當仁而不仁, 當義而不義, 皆是背了直理. 旣如此, 合是死. 若不死時, 便是幸而免.'"

더 분명한 언설로 표현된다.

> 측은해 하는 마음이 없는 사람은 진정한 사람이라고 할 수 없고, 부끄러워하는 마음이 없는 사람은 진정한 사람이라고 할 수 없으며, 사양하는 마음이 없는 사람은 진정한 사람이라고 할 수 없고, 올바름과 그름을 분별하는 마음이 없는 사람은 진정한 사람이라고 할 수 없다.[16]

이곳에서 핵심은 '진정한 사람이 아니다'는 비인非人에 있다. '비인'은 사람으로서 존재하고 있지만 진정한 존재성을 갖추지 못한 사람, 즉 앞에서 공자가 말한 '요행히 죽음을 면한 사람이다.' '비인'은 사람이라는 존재의 실재성을 부정한 표현이 아니다. 그 사람의 존재 가치성을 부정한 표현이다. 공자와 맹자에 의하면, 도덕 가치는 인간이라는 존재의 본질, 즉 설탕에서 단 맛과 소금에서 짠 맛과 같은 본질이다.

공자와 맹자에서 도덕에 의한 존재성 결정은 인간의 범주에 제한되지만 『중용』에서는 만물에까지 확장된다. 후에 주희의 리기론에 이르러 도덕형이상학은 궁극적 발전을 이룬다. 인간을 포함한 만물에 대한 도덕 가치론적 규정은 『중용』에서 명확하게 정

16 『孟子』「公孫丑上」, "無惻隱之心, 非人也. 無羞惡之心, 非人也. 無辭讓之心, 非人也. 無是非之心, 非人也."

립된다. 먼저 제1장의 '天命之謂性'을 보자. "하늘이 (만물에) 명령하여 부여한 것을 본성이라고 하고, (하늘이 나에게 부여한) 본성에 따라 (처세하고 행동하는) 것을 올바른 도라고 하며, 올바른 도를 온전하게 실현할 수 있도록 (예악과 형정 등으로써) 제한과 등급을 두어 가르치는 것을 교화라고 한다[天命之謂性, 率性之謂道, 修道之謂教]." 하늘은 인간에게만 본성이라는 절대적 가치를 부여하지 않고 만물에게도 동등하게 부여한다. 『중용』에서 천명은 무엇인가? 결코 여호와와 같은 인격천이 아니다. 그저 만물의 존재원리이고 최후의 근거인데, 이 천명은 선이라는 도덕성을 본질 내용으로 한다. 따라서 천명에 의하여 생성되고, 천명이 부여한 본성을 소유한 만물은 서로 동일한 가치를 소유한 존재이다. 천명이 선이기 때문에 본성 역시 선이며, 이러한 본성에 따라 처세하고 행동하는 것이 바로 올바른 도이며, 이러한 올바른 도를 온전하게 실현할 수 있도록 하는 것을 교화라고 하는 것이다. 만물에 대한 도덕 가치론적 규정은 『중용』「20장」에서 더욱 명확하게 표현된다.

> "진실함은 하늘의 도이다. 진실함을 실천하는 것은 사람의 도이다. 진실한 사람은 (인위적으로) 노력하지 않아도 도리에 합치하고, (인위적으로) 자각하지 않아도 (선을) 얻을 수 있으며, 자연스럽게 도에 합치하니, (이런 사람이 바로) 성인이다. 진실하

려고 노력하는 사람은 선을 택하여 그것을 잃지 않고 간직하는 사람이다."[17]

성誠의 본래 의미는 진실함, 즉 진실하면서 하나의 헛됨도 없는 진실무망眞實無妄이 바로 '誠'의 의미이다. 그런데 『중용』에서는 하늘의 도[天道]와 사람의 도[人道]를 진실무망이라는 도덕 가치 의미인 誠으로 규정한다. 그렇다면 『중용』에서 誠은 존재의 원리이면서[天道] 행위의 원리[人道]이다. 때문에 주희는 '誠을 천리의 본연이면서 인사의 당연'[18]이라고 한 것이다. '천리의 본연'은 존재의 본래 실상이라는 의미이고, '인사의 당연'은 행위의 원칙 혹은 원리이다는 의미이다.

> 진실함[誠]이라는 것은 사물이 제 스스로 이루어지는 까닭이고, 도는 제 스스로 행해지는 도리이다. 진실함은 사물을 생성하는 시작과 마침이니, 진실무망하지 않으면 사물은 올바르게 존재할 수 없다. 그러므로 군자는 진실함을 존귀하게 여긴다. 진실함은 자신을 완성하는 것일 뿐만 아니라 사물도 완성하는 원리이다. 자기를 완성하는 것은 인仁의 덕이고, 사물을 완성하는 것

---

17 『中庸』「20章」, "誠者, 天之道也. 誠之者, 人之道也. 誠者, 不勉而中, 不思而得, 從容中道, 聖人也. 誠之者, 擇善而固執之者也."

18 『中庸章句』「20章」, "誠者, 眞實無妄之謂, 天理之本然也. 誠之者, 未能眞實無妄, 而欲其眞實無妄之謂. 人事之當然也."

은 지知의 덕으로, 이 (두 가지는) 본성에 본래 갖추어져 있는 덕이니 내외를 합치해야 한다. (내외가 합치되면) 수시로 올바름에 합치되어 표현된다.[19]

이 구절이 도덕형이상학을 가장 명확하게 해설하고 있는 곳이다. "진실함은 사물을 생성하는 시작과 마침이니, 진실무망하지 않으면 사물은 올바르게 존재할 수 없다[誠者, 物之終始. 不誠, 無物]"라고 했다. 이 구절에 대해 다양한 해설이 있을 수 있다. 그러나 분명한 것은 만물의 존재성을 결정하는 것이 바로 '진실함과 진실하지 못함'이라는 것이다. 맹자에서는 오로지 사람의 존재성만을 도덕 가치로서 규정했지만 『중용』에서는 만물까지 확장한 것이다.

이러한 『중용』의 도덕형이상학은 후에 주희에 의하여 계승되었는데, 주희가 말한 "모든 사람에게 동일한 하나의 태극이 갖추어져 있고, 모든 사물에 동일한 하나의 태극이 갖추어져 있다"[20]가 바로 그것이다. 태극은 사물의 생성과 함께 사물 속에 내재되어 그 사물의 존재방식을 결정하고 제어한다. 태극의 본질적 속

---

19 『中庸』「25章」, 誠者, 自成也, 而道, 自道也. 誠者, 物之終始. 不誠, 無物. 是故君子誠之爲貴. 誠者, 非自成己而已也, 所以成物也. 成己, 仁也. 成物, 知也. 性之德也, 合內外之道也. 故時措之宜也.

20 『朱子語類』「卷94」, "人人有一太極, 物物有一太極."

성은 도덕 가치 이외의 다른 것이 아니다. 또 주희는 리는 같고 기는 다르다'는 리동기이理同氣異를 주장했는데, 이것이 바로 하늘로부터 부여받은 존재 가치의 동일성이다. 뿐만 아니라 격물궁리와 성의를 통하여 자신의 존재 가치와 만물의 존재 가치를 실현하는 것이 바로 실천형이상학의 과정인 것이다.

『중용』에 나타난 도덕형이상학 규모를 보면, 『중용』의 저작 시기는 마땅히 맹자 이후라고 해야 한다. 왜냐하면 공자에서부터 드러난 희미한 도덕형이상학 체계가 맹자를 거쳐 『중용』에서 범주가 확장되어 분명하게 정립되었기 때문이다.

또 어떤 사람은 『중용』을 한 대에 등장한 천인감응설天人感應說과 연계시켜 이해하기도 하는데, 이는 『중용』의 도덕형이상학을 이해하지 못한 천박한 견해에 불과하다. 『중용』에서는 결코 하늘의 원리로써 인간의 원리를 결정하지 않았다. 오히려 인간의 원리인 誠으로써 천도와 인도를 하나로 관통하여 도덕적 존재원리로 규정한다. 다시 말하면 『중용』에는 천도가 이러하니까 인간도 반드시 이렇게 해야 한다는 이론은 없다. 한 대에 등장한 천인감응설은 음양가의 성분이 섞인 것으로 순수유가철학의 학설이 아니다.

또 혹자는 『중용』에 나타난 한 두 개의 용어를 근거로 『중용』이 유가와 도가철학의 혼합물이라고 주장하기도 한다. 노자와 장자는 무無 혹은 무위 혹은 자연으로서 도를 규정하지만, 『중용』에서는 誠으로서 도를 규정한다. 『중용』과 도가철학 사이에는 황하黃河보다도 넓은 간극이 있다.

역주자의 말

'중용이라는 덕'을 어떻게 규정할까? 2,500년의 유가철학발전사에서 '중용'에 대한 형식적 정의는 출현한 적이 없다. '어디에도 치우치지 않은[不偏不黨 · 不偏不倚] 덕' 혹은 '공정무사公正無私한 원리와 품덕'이라고 정의할 수 있지만, 이것 역시 밋밋하고 추상적이어서 그냥 중용이라고 하는 것만 못한 것 같다. 분명한 것은 중용이야말로 이성을 소유한 어떤 사람에게도 유효한 도덕원리이고, 모든 사람에게 수용되는 좋은 품덕이라는 점이다.

동서고금을 막론하고 중용의 가치에 대해 회의적 시각을 가진 윤리학자가 있었던가? 그럼에도 불구하고 중용에 대한 정의와 해설은 결코 쉬운 작업이 아니다. 아리스토텔레스의 규정을 빌려보자. 절약은 당연히 중용의 덕이다. 그런데 절약이라는 덕을 어떻게 정의할까? 아리스토텔레스처럼 인색과 낭비의 중간이라고 덤덤하게 말할까? 용기도 중용의 덕이다. 무엇이 진정한 용기인가? 만용과 비겁의 중간이라고 정의할까? 그렇다면 또 무엇이 인색이고 낭비이며, 만용과 비겁은 무엇이냐고 묻는다면 또 어떻게 설명할까?

중국 고대에 중용이라는 덕의 실천 원리와 방법론 그리고 형이상학적 근거까지, 이 모두를 하나의 서책에 상세하게 해설해놓았는데, 그것이 바로 『중용』이라는 고전이다. 동양철학에 대한 선지식先知識이 충분하지 못한 사람이 『중용』이라는 책을 접하면 크게 두 가지 다른 느낌을 가질 것이다. 하나는 '특별히 주목을 끌 만한 구절도 없는데, 왜 이런 서책을 추존하면서 지식인들의 필독서로 지정했을까'라는 의구심이 들 것이다. 다른 하나는 「1장」부터 천명이 출현하고, 때로는 귀신의 작용을 들어 성인의 품덕과 공효功效를 해설하니 무언가 대단한 신비성을 담고 있는 서책이라는 느낌을 가질 수도 있을 것이다. 현전하는 『중용』 번역서를 보면 신비주의적 해석을 어렵지 않게 발견할 수 있다.

역자는 지금까지 많은 지식인들이 『중용』을 탐독하고서, 후대에 그것의 가치를 전술한 까닭을 다름 아닌 『중용』에서 소개하고 있는 진리의 평범성과 일상성에서 찾고자 한다. 「1장」에서 '도라는 것은 우리들의 일상생활과 잠시라도 떨어질 수 없는 것이다'라고 한다. 특별하고 기이하지만 우리의 일상생활과 관련이 없는 것이라면 그것을 도라고 할 수 있겠는가? 「4장」에서는 중용의 도리가 잘 드러나지 않는 이유를 다음과 같이 해설한다. '스스로 잘났다고 생각하는 사람들은 중용의 도리가 그저 평범하니 사람들의 주목을 끌 수 없다고 생각하고, 우매한 사람들은 아예 중용의 도리를 알지도 못한다.' 물은 우리가 매일 마시는 것이지만, 물의 진정한 맛을 아는 사람이 얼마나 될까? 우리나라 사람이 다이어트를 할 때 가장 고통스러운 것은 쌀로 지은 밥을 먹지 않는 것이라고 한다. 매일 먹는 밥이라서 별 특별한 맛도 느끼지 못하니 밥만 먹지 않는 다이어트는 누워서 떡먹기라고 생각하지만 그것처럼 어려운 것은 없다고 한다. 왜 그런가? 밥을 먹지 않는 것이 한국인의 평상성과 일상성에 어긋난 식습관이기 때문이다. 중용의 덕은 우리의 식생활에서 밥과 같은 것이다.

「33장」에서는 비단옷을 입고 그 위에 홑옷을 하나 더 입는다고 한다. 화려한 문채는 남의 이목을 쉽게 끌지만 사라지는 시간도 빠르다. 아름다운 장미꽃을 보라. 예쁘니 사람들이 꺾어 화병에 놓지만 조금만 시들어도 바로 휴지통 속으로 던져진다. 그러나 이름 없는 들꽃은 수명을 다한다. 군자가 추구하는 중용의 도리는 은은하지만 오랜 시간이 지나도 변하지 않고 빛을 발산한다. 매일 실검 1위를 차지하려고 용을 쓰는 소인들의 행태를 보라. 단 몇 시간 반짝 주목을 끌다 흔적도 없이 사라져 누구인지 기억조차 하는 사람도 없다.

역자는 이 책을 출판하면서 표지 디자인에 상당한 고심을 했다. 번득 생각나는 것이 있었는데, 옛날의 추저울이 그것이었다. 추저울이 사람 같고, 그 원리가 중용의 도리와 유사했기 때문이다. 저울의 추와 물건의 무게가 서로 같으면 저울은 어느 쪽으로 기울지 않고 균형을 이룬다. 그것이 바로 중용이다. 그런데 어느 한쪽이 가볍거나 무거우면 균형은 곧 무너진다. 양쪽이 균형을 이루지 못했을 때 한쪽으로 기우는 것은 저울만이 아니다. 사람도 마찬가지이다. 사람이라는 저울의 중심 손잡이는 바로 도덕적 마음[심성]이다. 그런데 인간이라는 저울은 한쪽으로 너무 자주 기운다. 왜 그런가? 설마 저울의 중심 손잡이와 같은 역할을 하는 심성에 문제가 있기 때문인가? 결코 그렇지 않다. 저울의 중심 손잡이도 문제가 없고, 저울추도 문제가 없다. 저울의 중심 손잡이는 왼손에 꽉 잡혀 있다. 오른손으로 저울추를 좌우로 이동시키면서 양쪽의 균형을 잡아야 하는데, 오른손이 말을 듣지 않는다. 즉 오른손이 마목[痲木-마비]되어 왼손[심성]의 명령을 듣지 않는 것이다.

오른손이 마비된 원인은 무엇일까? 광화문 태극기 부대와 서초동 대검찰청 앞 촛불부대 사람들 중에 누구의 오른손이 마비되었을까? 자신의 아이와 옆집 아이의 싸움을 말리면서 오른손이 마비되지 않는 부모는 과연 몇이나 될까? 한일전 축구 경기에서 오른손을 가운데에 놓고 볼 수 있는 사람이 과연 있을까? 선입견과 편견, 성장 배경, 종교와 신념, 학연과 지연 그리고 혈연 등 수많은 원인들로 말미암아 우리의 오른손은 마비되어 저울추를 제대로 이동시키지 못한다.

중용이라는 덕을 실천하는 것이 이처럼 어려운가? 「6장」에 소개된 순임금의 태도를 보면 그렇지도 않은 것 같다. 역시 공자의 말을 인용하고 있는데, 내용은 다음과 같다. '순임금은 지혜로운 사람인가보다. 어떤 판단을 할 때는 다른 사람들의 의견을 잘 들었으며, 주변에서 오고가는 평범한 말이라도 자세하게 살펴듣기를 좋아했다.' 주변사람들에게 잘 묻고 주변의 말들을 잘 살피며, 문제가 발생하면 양쪽의 주장을 모두 청취하면 될 것 같다. 과연 그럴까? 이처럼 쉽다면 왜 공자는 그처럼 비관적인 장탄식을 하는가? 이유가 있다. 바로 진실함[眞實無妄]이라는 성誠을 간직하고 있지 못하면 아무리 잘 묻고 잘 들으면서 양쪽의 의견을 상세하게 청취하더라도 중용을 실현함에 별다른 효용을 발휘하지 못한다. 때문에 『중용』「20장」에서부터 진실함이라는 성誠으로써 하늘의 도[天道]와 사람의 도[人道]를 규정하고서 성誠을 중용 실천의 필요충분조건으로 설정한 것이다.

현전하는 『중용』의 분장分章은 통일되어 있지 않다. 여러 종이 있는데, 그중에서 역자는 송 대 주희가 분장한 『중용』을 선택하여 번역했다. 『중용』의 철학적 성격은 주희의 분장과 관계없이 수미일관首尾一貫 유기적으로 구성되어 있다. 「1장」 '천명지위성天命之謂性' 장에 하늘과 사람, 존재와 가치, 천도와 심성의 관계가 분명하게 출현되었고, 그후 「20장」까지는 중용의 도리를 지극하게 실현한 성인을 예증으로 삼아 중용의 실질성을 소개하고 있으며,

「20장」이후에는 진실함이라는 도덕성을 본질 내용으로 하는 성誠으로써 하늘의 원리인 천도와 사람의 도리인 인도를 규정하고, 다시 진실함[誠]과 본성[性]을 합일시킨다. 그리고 다시 본성을 실천하는 진성盡性을 통하여 자신뿐만 아니라 타인 더 나아가 만물의 존재 가치도 완성하는 성기成己와 성물成物을 해설하면서 도덕형이상학의 규모를 드러낸다.

역자는 고전을 번역할 때마다 항상 한 가지 점을 강조한다. 즉 고전의 해석에는 정론이 없다는 것이다. 『중용』을 저술한 사람이 누구인지도 모르는데 『중용』 해석에 정론이 있을 수 있을까? 주희의 권위가 높으니 주희 주석을 정론으로 삼아야 하는가? 이 번역서에서 주희의 『중용장구』는 그저 고마운 마음으로 참고한 선현 해설서 중의 하나일 뿐이다. 그렇다고 역자가 주석서의 권위성을 무시하고 창의성만을 강조한 것은 아니다. 『중용』이라는 경전이 나에 의하여 재창조되려면 적어도 「1장」에서부터 「33장」까지 하나의 논리에 의하여 수미일관되어야 한다. 어떤 번역서처럼 「1장」의 천명지위성은 천도론[天道論-宇宙論] 중심으로 해설하고, 성誠이 출현하는 「20장」부터는 심성론心性論 중심으로 『중용』을 해설한다면, 이것이야말로 우리의 전통 중우에 세련된 서양의 슈트를 걸친 것과 무엇이 다른가?

또 역자는 고전을 번역할 때마다 항상 한 가지 고민을 한다. 가독성이 그것이다. 번역을 하는 이유는 무엇인가? 누구나 원전을 해독할 수 있다면 번역 자체가 불필요하다. 대부분의 독자들이 해석하지 못하기 때문에 누군가가 대신 우리말로 바꾸는 것이다. 그런데 우리말로 번역을 했음에도 독자들이 쉽게 읽지 못한다면 왜 그리 번잡한 일을 벌였단 말인가? 역자는 가독성이 떨어진 번역서는 차라리 원전을 보는 것이 더 낫다고 생각한다. 그런데 그 작업이 말처럼 쉽지 않다. 가독성의 제고는 항상 원전의 본래 의미를 실추할 수 있다는 위험성을 수반하기 때문이다.

몇 해 전 전북대 대학원에 반가운 학생이 입학했다. 역자의 대학 동기인데 오랜 기간 동안 출판사에서 편집 이력을 소유한 신혜연 학생이다. 항상 원문 대조와 문구 수정을 도와준다. 그저 고마울 뿐이다. 또 전북대출판문화원 이진영 샘을 비롯한 직원분들께도 감사드린다.

2020년 5월

황 갑 연

제1장

하늘이 만물에 명령하여 부여한 것을 본성이라고 한다[天命之謂性].

경문

하늘이 (만물에) 명령하여 부여한 것을 본성이라고 하고, (하늘이 나에게 부여한) 본성에 따라 (처세하고 행동하는) 것을 올바른 도라고 하며, 올바른 도를 온전하게 실현할 수 있도록 (예악과 형정 등으로써) 제한과 등급을 두어 가르치는 것을 교화라고 한다.

天命之謂性[1], 率性之謂道[2], 修道之謂教[3].

역자 해설

1. 천명지위성天命之謂性 : 주희에 따르면, '명命'은 명령과 같다[命, 猶令也]. 그렇다면 '천명'은 '하늘이 만물에 명령한다'로 해석해야 한다.

주희의 해석을 근거로 '하늘이 만물에 명령한다'는 말을 분석하면 이 구절에는 최소한 다음 세 가지 의미가 내재되어 있다.

첫째, '현상세계에 존재하는 만물은 우연적 사물이 아니라 천도의 원리에 따라 생성된 필연의 소산물이다.' 왜냐하면 천명은 인간의 선택과 관계없는 필연의 원리이기 때문이다.

둘째, 모든 만물에 하나의 본성이 내재되어 있는데, 이 본성의 근원이 바로 천도[하늘]이기 때문에 만물은 천도와 동일한 절대적 가치를 소유한 존재이다. 다시 말하면 만물은 천도의 자기실현인 것이다.

셋째, 현상계의 모든 사물은 동일한 '본성'이라는 실체를 소유하고 있기 때문에 모든 사물의 존재 위상은 수평적으로 동일하다. 다시 말하면 우주내의 모든 사물은 수평적으로 동일한 본래적 가치[내재적 가치]를 소유하고 있어 가치론적으로 평등한 존재이다.

2. 솔성지위도率性之謂道 : 주희에 의하면, '솔率'은 '따르다[循]'이고, '도道'는 '길[路]'의 의미이다.[1] '길'은 표준이다. 길이라는 표준을 따르지 않으면 목적지에 이르지 못한다. 마찬가지로 인생에도 길과 같은 표준이 있는데, 이 표준은 일상의 모든 행위에 내재되어 있다. 부모와 자녀 사이에 행해지는 일에는 효와 자애라는 규범[길-표준]이 있고, 군주와 신하 사이에 전개되는 일에는 의義와 충忠이라는 규범이 있다. 이것이 바로 '도'이다. 따라서 마땅히 '도'에 따라 처세하고 행위해

1 『中庸章句』, "率, 循也. 道, 猶路也."

야만 본래부터 갖추고 있는 '본성'을 온전하게 실현할 수 있다. 그러나 이 구절을 이해할 때 반드시 다음 한 가지 점에 유의해야 한다. 즉 '따르다'의 '솔'은 본성의 자연스러운 자아실현을 말한 것으로, 후천적인 수양공부를 전제하지 않는다는 점이다. 하늘로부터 부여받은 본성은 하나의 살아있는 활물活物로서 현상 세계에서 원리 혹은 법칙 혹은 규범 등의 모습으로 드러난다. 부모와 자녀 사이에서는 효도와 자애로 드러나고, 형제간에는 우애[弟]로 드러난다. 이러한 효도와 자애 그리고 우애 등이 바로 올바른 도인데, 모두 본성으로부터 자연스럽게 드러난다. 송명유학에 등장하는 '본성이 곧 리이다[性卽理]'는 바로 이것을 근거로 한 말이다.

3. 수도지위교修道之謂敎 : '솔성지위도'가 본성의 자연스러운 표현을 말한 것이라면, '수도지위교'는 후천적인 공부를 전제한 말이다. 주희는 '수修'를 '품절지[修, 品節之]'라고 주석했다. 품절은 등급과 제한을 의미한다. 주희에 따르면, 하늘로부터 부여받은 본성은 동일하지만, 이것과 함께 만물은 차별적인 기질氣質로 구성되어 있기 때문에 지나침과 부족함의 차이가 없을 수 없다. 그러므로 성인은 사람과 사물, 그리고 사람과 사람이 마땅히 해야 할 것을 근거로 등급과 제한을 두었으며, 그것을 천하의 표준으로 삼고서 백성을 가르쳤다. 형정刑政과 예악禮樂 등이 바로 교화에 해당되는 것들이다.

이 세 구절은 『중용』이라는 책의 총강령이다. 이후에 등장하는 『중용』의 구절들은 이 세 구절에 대한 해설이라고 할 수 있다. '천명지위성'과 '솔성지위도' 및 '수도지위교'의 구조에서 중간의 '솔성지위도'가 위와 아래 구절의 가교 역할을 한다. '천명지위성'은 천도와 동일한 본성을 하늘로부터 부여받았다는 것으로, 이 구절에서는 만물간의 차이가 드러나지 않고 오로지 보편성만이 드러나고 있다. '솔성지위도'에서 비로소 만물과 인간의 역할 차이가 드러난다. 즉 본성이라는 절대적 가치 근거를 만물과 동일하게 소유하고 있지만, 오로지 인간만이 이 본성에 따라 천도의 가치를 실현할 수 있다. 그렇지만 인간 사이에도 기품의 고르지 않음으로 말미암아 지나침과 부족의 차이가 있다. 때문에 형정과 예악을 두고서 도리에 맞지 않은 것을 도리에 부합하도록 교화하는 것이다.

경문

도라는 것은 (우리들의 일상생활과) 잠시라도 떨어질 수 없는 것이다. (만일 일상생활과) 떨어질 수 있는 것이라면 그것은 진정한 도가 아니다. 그러므로 군자는 (다른 사람들이) 볼 수 없는 곳에서 경계하고 근신하며, (다른 사람들에게) 들려지지 않은 곳에서 두려워한다.

道也者, 不可須臾離也. 可離, 非道也[1]. 是故, 君子戒慎乎其所不睹, 恐懼乎其所不聞[2].

역자 해설

1. 도야자道也者, 불가수유리야不可須臾離也. 가리可離, 비도야非道也 : '도'는 본래 지극히 높고 존귀한 것이다. 때문에 일반 사람들은 이점에 집착하여 '도'를 추상적인 것으로 생각하여 일상이 아닌 현묘玄妙한 곳에서 찾으려고 한다. 그러나 중용의 도는 인간의 존재 원리이고, 사람과 사람 사이에서 교류되는 덕이기 때문에 결코 추상적이지도 않고 현묘玄妙하지도 않으며 공허하지도 않다. 부모와 형제, 군주와 신하, 웃어른과 젊은 사람 사이 등 일상적인 생활에서 구현되어야 하는 지극히 평상적인 도리이다. 때문에 도라는 것은 우리들의 일상생활과 잠시라도 떨어질 수 없다. 만일 일상생활과 관계없는 현묘한 것이라면 그것은 진정한 도가 아니다.
2. 군자계신호기소부도君子戒愼乎其所不睹, 공구호기소불문恐懼乎其所不聞 : '계신戒愼'은 '조심하다'의 의미이고, '공구恐懼'는 '두려워하다'의 의미이다. 그러나 가치중립적인 조심과 두려움이 아닌 자신의 도덕성 상실에 대한 경계와 성찰의 의미를 담고 있다. 눈으로 보이고 귀로 들리는 것에 대해서는 쉽게 경계할 수 있고, 근신을 할 수 있다. 왜냐하면 자신뿐만 아니라 타인도 그 잘못을 쉽게 발견하여 지적할 수 있고, 흉도 볼 수 있기 때문이다. 반면 잘 보이지 않고 들리지 않는 곳은 타인은 볼 수 없고, 오로지 자신만이 알 수 있는 곳이다. 또한 자신만 알고 있고 타인은 모르는 곳이라고 생각하여 어떤 잘못된 생각을 했어도 쉽게 지나치게 된다. 그렇지만 모든 잘못은 이 한 순간의 생각으로부터 비롯된다. 때문에 군자는 항상 공경함과 두

려운 마음을 간직하고서 보이지 않고 들리지 않은 곳에서 근신하는 것이다.

경문

숨겨져 잘 드러나지 않는 것보다 분명하게 보여지는 것은 없고, 희미하여 잘 보이지 않는 것보다 분명하게 나타나는 것은 없다. 그러므로 군자는 (다른 사람들은 알 수 없고) 오로지 자신만이 알 수 있는 곳을 조심한다.

莫見乎隱, 莫顯乎微, 故君子愼其獨也[1].

역자 해설

1. 막현호은莫見乎隱, 막현호미莫顯乎微, 고군자신기독야故君子愼其獨也 : 왜 "숨겨져 잘 드러나지 않는 것보다 분명하게 보여지는 것은 없고, 희미하여 잘 보이지 않는 것보다 분명하게 나타나는 것은 없다"고 하는가? 주희는 "은隱은 어두운 곳이고, 미微는 세세한 일이다"[2]라고 했지만, 이 두 가지 모두 마음[心]에 관한 것이다. 내 마음에서 어떤 하

2 『中庸章句』, "隱, 暗處也. 微, 細事也."

나의 생각이 일어나면 그것은 이미 일어난 것이지만 아직 구체적인 형상으로 표현되지 않았기 때문에 다른 사람은 알 수 없다. 이때의 생각은 '이미 일어난 것'이기 때문에 '있는 것[有]'이라고 할 수 있다. 그렇지만 구체적인 형상이 없기 때문에 또 '없는 것[無]'이라고 할 수도 있다. 이때의 '생각[念]'을 '있음과 없음의 사이[有無之間]'라고 한다. 이때는 자신 외에 어느 누구도 이 생각이 지향하고 있는 방향을 알 수 없다. 때문에 '숨겨져 잘 보이지 않고, 희미하여 잘 보이지 않는다[隱微]'고 한 것이다. 주희는 이 상태를 "타인은 모르고 오로지 자신만 아는 곳"[3]이라고 했다. 비록 타인은 모르지만 자신의 도덕적 양심은 자신 생각이 지향하고 있는 방향이 선인지 악인지를 정확하게 알고 있다. 때문에 "숨겨져 잘 드러나지 않는 것보다 분명하게 보이는 것은 없고, 희미하여 잘 보이지 않는 것보다 분명하게 나타나는 것은 없다"고 한 것이다. 이 상태가 바로 선악의 분기점이기 때문에 "군자는 다른 사람들은 알 수 없고 오로지 자신만이 알 수 있는 마음을 조심한다"고 한 것이다.

경문

기쁘고 성냄 그리고 슬픔과 즐거움 등의 감정이 아직 발동하지 않은 것을 '중'이라고 하고, 그것이 발동하여 도리에

3 『中庸章句』, "人所不知而己所獨知之也."

맞는 것을 '화'라고 한다. 중이라는 것은 천하의 위대한 근본이고, 화라는 것은 천하의 모든 사람들에게 적용될 수 있는 도이다. 이러한 중화의 도를 실천으로 드러내 멀리 펼치면 천지는 올바른 자리를 차지하고, 만물은 올바르게 생육된다.

喜怒哀樂之未發謂之中[1], 發而皆中節謂之和[2]. 中也者, 天下之大本也. 和也者, 天下之達道也[3]. 致中和, 天地位焉, 萬物育焉[4].

역자 해설

1. 희로애락지미발위지중喜怒哀樂之未發謂之中 : 이곳에서 '중中'은 단순히 감정이 아직 발동하기 전 상태를 의미하지 않는다. 설마 단순한 감정의 미발 상태를 천하의 위대한 근본으로 삼을 수 있겠는가? 이곳에서 비록 감정의 미발未發로서 '중'을 말했지만, 실제로 '중'은 미발 배후의 '본성'을 가리킨다. '본성'은 어디에도 치우치지 않은 지극히 선한 실체이기 때문에 '중'이라고 명명한 것이다.
2. 발이개중절위지화發而皆中節謂之和 : 감정이 발동하여 도리에 부합하려면 반드시 하나의 전제가 필요하다. 그것은 바로 감정이 본성에 의거하여 발동했을 경우이다. 이 상태가 바로 '화'이다.

3. 중야자中也者, 천하지대본야天下之大本也. 화야자和也者, 천하지달도야天下之達道也 : 중은 본성을 가리키고, 이 본성으로부터 인의예지신仁義禮智信과 충효제忠孝弟 등의 모든 도덕원리와 행위가 출현하기 때문에 중을 천하의 대본이라고 한 것이다. '달도達道'라는 말은 자신뿐만 아니라 이성을 소유한 모든 사람에게 유효하게 적용되는 원칙을 의미한다. 천하의 모든 도리는 성이라는 중으로부터 실현된다. 성은 모든 사람에게 공통적으로 내재된 도덕실체이기 때문에 성에 의거하여 발동된 감정은 자연스럽게 타인과 조화를 이룬다. 때문에 '중'을 천하의 위대한 근본이라고 하고, '화'를 달도라고 한 것이다.
4. 치중화致中和, 천지위언天地位焉, 만물육언萬物育焉 : '치致'는 성[中]의 확충, 즉 실천을 의미한다. '위位'는 '올바른 지위[正所]'이고, '육育'은 생장을 의미한다. 이 구절은 유가철학의 도덕형이상학 의미를 가장 절실하게 표현해주고 있다. 유가철학의 도덕형이상학은 다음 세 구절에 명확하게 표현되어 있다.

> 사람이 살아가는 도리는 정직이다. 정직하지 않으면서도 살아 있는 것은 요행히도 죽음을 모면한 것이다.[4]

> 측은해하는 마음이 없는 사람은 진정한 사람이 아니다."[5]

---

4 『論語』「雍也」, "子曰 : 人之生也直, 罔之生也, 幸而免."
5 『孟子』「公孫丑上」, "無惻隱之心, 非人也."

진실함은 사물을 생성하는 시작과 마침이니, 진실무망하지 않으면 사물은 올바르게 존재할 수 없다.[6]

공자와 맹자는 도덕적 가치로서 사람의 존재성 유무有無를 규정했고, 『중용』에서는 한 걸음 더 나아가 도덕 가치로서 만물의 존재성 유무까지 결정한다. 이것이 바로 형이상학의 원리와 규모를 도덕으로서 규정한 도덕형이상학이다. 중화의 원리를 실현하는 것은 도덕 행위인데, 왜 중화의 원리를 실현하면 "천지는 올바른 자리를 차지하고, 만물은 올바르게 생육된다"고 하는가? 그것은 바로 중화, 즉 도덕 가치가 바로 천지만물 존재의 진정한 의미를 결정하기 때문이다. 부모에 대한 효심이 없는 자식은 비록 살아있지만 사람이 사람일 수 있는 진정한 가치를 갖추고 있지 않은 존재일 뿐이다. 공자에 의하면 요행으로 살아있는 것[幸而免]이고, 맹자에 의하면 '사람이 아닌 것이며[非人]', 『중용』에 의하면 '존재하지 않는 것[無物]'이다. 부모에 대한 효심을 자각하고 실행했을 때 비로소 존재의 진정한 의미를 회복한다. 이것이 바로 '올바른 위치를 얻는 것이고, 생장하는 것이다.

6 『中庸』「25장」, "誠者, 物之終始. 不誠, 無物."

제2장

군자의 행위와 사업은 중용의 도리와 합치한다[君子中庸].

❁ 경문 ❁

중니[공자]가 말했다. "군자가 실천한 모든 행위 그리고 성취한 모든 사업은 중용의 도리와 합치한 것이지만, 소인이 한 행위와 일들은 모두 중용의 도리에 반한 것이다."

仲尼[1]曰 : "君子中庸[2], 小人反中庸."

역자 해설

1. 중니仲尼 : 공자의 자字이다. 주희는 『중용』의 저자가 공자의 손자인 자사子思라고 했는데, 만일 『중용』이 정말로 자사의 저작이라면 자신의 조부인 공자를 직접 '중니'라고 칭하지 않았을 것이다. 즉 자손이 직접 조상의 자字를 부르는 것은 조상에 대한 예의가 아니다. 역

자는 자사의 『중용』 저작설을 긍정하지 않는데, 그중 한 증거가 바로 이것이다.

2. 군자중용君子中庸 : 중용은 원래 어디에도 치우치지 않으면서 가장 일상적인 덕행을 지칭한다. 군자는 이러한 중용이라는 품덕을 항상 갖추고 있기 때문에 상황에 따라 응변하면서 서로 다른 행위와 일들을 성취하지만 모두 시의적절한 중용의 행위와 사업이 아닌 것이 없다. 이것이 바로 군자의 중용이다.

경문

군자가 중용을 실천할 수 있는 것은 항상 중도에 머물 수 있기 때문이다. 소인이 중용에 반대로 하는 것은 (중용의 도리를 알지 못해) 두렵고 조심하는 마음이 없기 때문이다.

君子之中庸也, 君子而時中[1]. 小人之反中庸也[2], 小人而無忌憚[3]也.

역자 해설

1. 시중時中 : 주희는 "수시로 중도에 머물 수 있다[能隨時以處中]" 고 했다. 일반적으로 '시중'은 '불변의 원리인 중中을 상황[時]에 적절하게

표현한다'는 의미이다. 그러나 이곳에서의 '시중' 의미는 주희의 해석에 따라 해석하는 것이 적합할 것 같다. 왜냐하면 이곳에서는 중용의 원리에 대한 군자의 올바른 인식과 실천을 강조하면서 소인과의 차별을 드러내고 있기 때문이다. 『논어』에 따른다면, 시중은 중행中行에 해당하고, 그 다음이 광狂과 견狷, 마지막이 향원鄕愿이다. 즉 방편[時]과 불변의 원리[中]에서는 소인이 출현하지 않는다.

2. 소인지반중용야小人之反中庸也 : 『예기』 원전에는 '小人之中庸'이라고 되어 있다. 그러나 주희는 "왕숙 본에 따르면 '小人之反中庸'이라고 되어 있다. 정자도 이것이 옳다고 했으니 지금 이에 따른다"[1]라고 했다. 소인과 군자의 행위를 대비시켜 보면 주희의 주장이 타당하다.
3. 무기탄無忌憚 : '기탄'은 '꺼려하다'의 의미이다. 앞의 1장에서 "그러므로 군자는 (다른 사람들이) 볼 수 없는 곳에서 경계하고 근신하며, (다른 사람들에게) 들려지지 않은 곳에서 두려워한다"고 했다. 그러나 소인에게는 이러한 군자의 경외 의식이 없을 뿐만 아니라 근본적으로 중용의 도리에 대한 참다운 인식이 부재하기 때문에 마음대로 욕심을 부리고 망령되이 행동하면서도 전혀 그것을 두려워하지 않는다. 이것이 바로 군자와 소인의 본질적 차이이다.

1 『中庸章句』, "王肅本作小人之反中庸也, 程子亦以爲然, 今從之."

제3장

중용의 도리는 참으로 지극하다[中庸其至].

경문

공자가 말했다. "중용의 도리는 참으로 지극한가 보다! 사람들 중에서 (중용의 도리를) 온전하게 실행할 수 있는 사람이 적게 된지 오래되었구나."

子曰 : "中庸其至矣乎[1]! 民鮮能久矣[2]."

역자 해설

1. 중용기지의호中庸其至矣乎 : 이 구절에 대해서는 서로 다른 해석이 있을 수 있다.

첫째, "중용의 도리는 지극하구나!"

둘째, "중용의 도리는 참으로 지극한가 보구나!"

이 두 해석은 비슷한 것 같지만 어감이 다르고, 의미 역시 약간 다르다. 역자는 두 번째의 의미를 선택했다. 그 이유는 다음 구절의 “사람들 중에서 (중용의 도리를) 온전하게 실행할 수 있는 사람이 적게 된지 오래되었구나[民鮮能久矣]”와 자연스럽게 연결하기 위함이다. 사람이 태어난 이래 수많은 사람들 중에 진정으로 중용의 도리를 온전하게 인식하고 실천한 사람은 적을 뿐만 아니라 그렇게 된지도 이미 오랜 시간이 흘렀다. 왜 그런가? 중용의 도리가 참으로 지극하기 때문일 것이다. 즉 추측의 의미가 내재되어 있다. 그러나 단순한 인지적 의미의 추측이 아니라 감탄이 내재된, 즉 중용의 도리에 대한 온전한 인식으로 말미암아 비롯된 경탄의 추측이다.

2. 민선능구의民鮮能久矣 : 역자는 이 구절을 “사람들 중에서 (중용의 도리를) 온전하게 실행할 수 있는 사람이 적게 된지 오래되었다”로 해석했지만, 정현鄭玄은 “중용의 도리가 지극히 아름답다고 말한 것은 중용의 도리를 오랫동안 지속하여 실행할 수 있는 사람이 드물기 때문이다”[1]라고 해석했다. 역자는 이 해석을 취하지 않는다. 만일 중용의 도리가 아름다운 원인이 중용의 도리를 오랫동안 실행할 수 있는 사람이 적기 때문이라면, 중용의 도리가 현실계에서 완전하게 사라지면 중용의 도리는 그보다도 더욱 아름답다고 해야 할 것이다. 즉 적을수록 아름다울 것이다. 역자의 해석처럼 ‘사람들 사이에서 중용의 도리를 온전하게 실행할 수 있는 자가 적게 된지 오래된 것은 아

1 『禮記注疏』「卷52 · 中庸」, “言中庸爲道至美, 顧人罕能久行.”

마 중용의 도리가 지극하기 때문일 것이다'라고 한다면 중용의 도리에 대한 정확한 인식과 존양存養 그리고 실천 등을 강조함에 있어 유효하게 적용될 수 있을 것이다.

제4장

나는 도가 실행되지 못한 원인을 알았다 [道之不行也, 我知之矣].

경문

공자가 말했다. "(중용의) 도리가 실행되지 못한 원인을 나는 알았다. 스스로 지혜롭다고 생각하는 사람[知者]은 중용의 도리를 특별하다고 생각하지 않기 때문이고, 어리석은 사람[愚者]은 중용의 도리를 알지 못하기 때문이다. (중용의) 도리가 밝혀지지 못한 이유를 나는 알았다. 스스로 덕이 있다고 생각하는 사람[賢者]은 (중용의) 도리는 알만한 것이 못된다고 생각하기 때문이고, 덕을 갖추지 못한 사람[不肖者]은 중용의 도리를 실천할 수 없기 때문이다. 사람들 중에 물을 마시지 않고 음식을 먹지 않은 자가 없지만 그 물과 음식의 진정한 맛을 알 수 있는 사람은 적다."

子曰 : "道之不行也, 我知之矣[1]. 知者過之[2], 愚者不及也[3]. 道之不明也. 我知之矣. 賢者過之[4], 不肖者不及也[5]. 人莫不飮食也, 鮮能知味也[6]."

역자 해설

1. 도지불행야道之不行也, 아지지의我知之矣 : 이 세상에 중용의 도리가 실행되지 못한 진정한 원인을 알았다. 아래 구절의 내용이 바로 중용의 도리가 현실에 구체적으로 실현되지 못한 원인이다.
2. 지자과지知者過之 : '지자知者'는 '지자智者'와 같다. '지우知愚'와 '현불초賢不肖'에 대한 주희의 해설은 매우 합리적이다. 주희에 의하면, 중용의 도리는 천리의 당연함이면서 어디에도 치우치지 않은 것임에도 불구하고, 이른바 스스로 자신이 지혜롭다고 자만하는 사람들은 그러한 중용의 도리가 실천할만한 가치가 부족하다고 생각하기 쉽다.[1] 왜 그런가? 사람들은 어떤 특별한 것에 대해서는 쉽게 관심을 보이지만 지극히 평상적인 중용의 도리는 사람들의 주목을 끌기 어렵다. 이것이 지혜롭다고 자만하는 사람들의 지나침[過], 즉 '지자'의 과실이다.

---

1 『中庸章句』, "道者, 天理之當然, 中而已矣. 知愚賢不肖之過不及, 則生稟之異而失其中也. 知者知之過, 既以道爲不足行. 愚者不及知, 又不知所以行, 此道之所以常不行也. 賢者行之過, 既以道為不足知. 不肖者不及行, 又不求所以知, 此道之所以常不明也."

3. 우자불급야愚者不及也 : 우매한 사람은 중용 도리의 진정한 가치를 알 만한 자질이 부족하여 왜 중용의 도리를 실천해야 하는가의 원인을 인식하지 못할 뿐만 아니라 어떻게 실천해야 하는지에 대해서도 무지하다. 이것이 바로 어리석은 사람들의 부족함[不及], 즉 '우자'의 과실이다.
4. 현자과지賢者過之 : 이곳에서 현자와 지자, 우자와 불초자는 표현의 차이만 있을 뿐 동일한 유형의 사람을 가리킨다. 주희에 의하면, 스스로 자신이 능력이 있다고 생각하는 사람은 중용의 도리는 특별히 알아야 할 가치가 없다고 생각한다. 이것이 바로 현자가 범하기 쉬운 지나침이라는 과실이다.
5. 불초자불급야不肖者不及也 : 덕을 갖추지 못한 불초자 역시 어리석은 사람과 마찬가지로 중용 도리의 진정한 가치를 알 수 있는 능력이 부족하기 때문에 왜 그것을 알아야 하고 실천해야 하는가를 알기 어렵다. 이것이 바로 불초자의 과실이다.

'지우智愚'와 '행行' 그리고 '현불초賢不肖'와 '지知'에 대한 역자의 의견

일반적으로 '지혜롭다'와 '어리석다'는 앎에 관한 표현이기 때문에 '행行' 자보다는 '명明' 자가 더 어울린다. 덕과 부덕은 앎보다는 실천에 관한 표현이기 때문에 '명' 자보다는 '행' 자가 더 적합하다. 그런데 『중용』에서는 '지자'와 '우자'에 대해서는 '행行' 자로 표현했고, '현자'와 '불초자'에게는 '명明' 자를 사용했다. '우자'와 '불초자'

에 대해서 동일하게 '불급'으로 표현한 것은 문제가 없지만 '행'과 '명'은 서로 바꾸는 것이 타당하다. 송 대의 사마광司馬光과 왕안석王安石 등은 이 단락을 인용할 때 '행' 자와 '명' 자를 바꾸어 사용했다. 즉 먼저 '도지불명道之不明'을 쓰고, 뒤에 '도지불행道之不行'을 썼다. 두 학자는 '행行'과 '명明' 두 문자의 배열이 적절하지 않음을 인지한 것이다.

6. 인막불음식야人莫不飮食也, 선능지미야鮮能知味也 : 이곳에서는 물과 음식으로써 중용의 도리를 비유한다. 물과 음식은 우리의 일상생활에서 가장 소중한 것이지만 매일매일 거의 동일하게 그것을 마시고 먹기 때문에 그것의 진정한 맛을 망각하기 쉽다. 그것이 일단 우리의 생활에서 조금이라도 부족하게 될 때 비로소 물과 음식의 맛을 그리워하고, 진정한 가치를 깨닫게 된다. 중용의 도리에 대한 사람들의 인식도 마찬가지이다.

제5장

아마 중용의 도리가 실행되지 않으려나보다 [道其不行矣夫].

❈ 경문 ❈

공자가 말했다. "아마 중용의 도리가 실행되지 않으려나 보다!"

子曰 : "道其不行矣夫[1]!"

역자 해설

1. 도기불행의부道其不行矣夫 : '기其'는 추측을 나타나는 말이고, '부夫'는 '호乎'와 통용되는 것으로 '其…夫'는 추측과 탄식을 동시에 표현한 말이다. 주희에 따르면, '중용의 도리를 진정으로 깨달은 사람이 없으니 아마 도가 실현되지 않으려나보다'로 해석되어야 한다.

제6장

순임금은 지혜로운 사람이다[舜其大知].

경문

공자가 말했다. "순임금은 매우 지혜로운 사람일 것이다. 다른 사람들의 의견을 듣기 위하여 묻기를 좋아했고, 주변에서 주고받는 얕고 속된 말이라도 자세하게 살펴듣기를 좋아했다. (다른 사람들의) 좋지 않은 점은 숨겨 주고, (다른 사람의) 좋은 점은 드러내어 선양했다. (어떤 문제가 발생하면) 양쪽 극단까지 상세하게 살피고서 그 중용을 들어 백성에게 적용했다. 이것이 바로 순이 (위대한) 순임금으로 될 수 있는 까닭이다."

子曰 : "舜其大知也與[1]! 舜好問而好察邇言[2]. 隱惡而揚善[3]. 執其兩端[4], 用其中於民[5]. 其斯[6]以爲舜乎!"

역자 해설

1. 순기대지야여舜其大知也與 : 순임금은 요임금으로부터 천자의 지위를 선양받은 중국 고대의 성왕聖王이다. '기其'는 추측을 나타내는 말로서 '…인가보구나' 혹은 '…일 것이다'의 의미이다. '지知'는 곧 '지혜'를 가리킨다. '여與'는 의문사이다. 『중용』에서는 '순임금이야말로 위대한 지혜[大智]를 소유한 사람임'을 긍정하고서, 순임금이 위대한 지혜를 소유한 사람이라는 증거를 아래에 서술하고 있다.
2. 호문이호찰이언好問而好察邇言 : 주희는 순임금이 위대한 지혜를 소유한 사람이라는 첫 번째 근거로서 "자기의 주관적 견해만을 취하지 않고 남의 견해를 취한다"[1]는 것을 들었다. '호문好問'과 '호찰이언好察邇言'이 바로 남의 견해를 취하는 두 가지 방법이다. '호문'은 '다른 사람에게 묻는 것을 싫어하지 않는다'는 의미이다. 공자가 말한 "아랫사람에게 묻는 것을 부끄럽게 생각하지 않는다"[2]는 것도 이에 해당된다. '찰察'은 '살피다'의 의미이지만, 이곳에서는 '타인의 말을 잘 경청한다'로 해석하는 것이 합리적이다. 주희는 '이언邇言'에 대하여 "얕고 속된 말이다"[3]라고 주석했다. '호찰이언'은 '비록 얕고 속된 말일지라도 잘 경청하고 유념하여 듣는다'는 것이다. 혹자는 '이언'을 '친근한 말'로 해석하기도 한다. 그렇다면 '호찰이언'은 '주변의 친근한 말들을 잘 살펴 그 말에 지혜가 가리지 않아야 한다'로 해석해야

---

1 『中庸章句』, "不自用而取諸人."
2 『論語』「公冶章」, "不恥下問."
3 『中庸章句』, "淺近之言."

한다.

3. 은악이양선隱惡而揚善 : 이는 순임금이 위대한 지혜를 소유한 사람이라는 두 번째 근거이다. 이곳에 출현하는 '악'과 '선'은 두 가지로 나누어 해설할 수 있다. 하나는 잘못과 옳음이고, 다른 하나는 나쁜 생각과 좋은 견해이다. 전자로 해석하면, '타인의 언행 중에서 선하지 않은 점을 듣거나 보면 숨겨주고, 좋은 점이 있으면 크게 드러내 선양을 한다'로 해석해야 한다. 왜 그런가? 타인의 과실은 자신 역시 범할 수 있다. 타인의 잘못을 크게 질책하거나 소문을 내기보다는 먼저 자신을 살핀다. 또 타인의 언행 중에서 좋은 점이 있으면 자신은 왜 하지 못했는가를 반성하면서 타인의 선행을 크게 선양한다. 후자로 해석하면, '타인의 나쁜 생각을 드러내 홍보기보다는 숨겨주고서 생각을 바꿀 수 있도록 교화하고, 좋은 생각이 있으면 타인에게 홍보하여 본받을 수 있도록 한다'로 해석해야 한다. 이것이 바로 순임금이 위대한 지혜를 소유했다는 두 번째 증거이다.
4. 양단兩端 : 이는 순임금이 위대한 지혜를 소유한 사람이라는 세 번째 증거이다. 자연과학에는 소통이 불가능하지만 인문에서는 소통이 가능하다. 왜냐하면 '선善'과 '미美' 등의 인문예술은 모두 좋음과 아름다움이라는 속성을 갖고 있지만 드러나는 양상은 다를 수 있다. 때문에 모든 인간사에는 대립이 없을 수 없다. '양단'은 바로 대립점의 극단이다. 성인은 편견을 버리고서 양쪽 말을 모두 다 듣고 잘 살펴 그 중용을 적용하여 일을 처리한다.
5. 용기중어민用其中於民 : '중中'은 양 극단에 적용될 수 있는 중용의 도

리, 즉 양쪽 모두 수용할 수 있는 합리적 원칙과 방법을 의미한다. '너 자신을 알라'는 소크라테스의 주장에도 이러한 의미가 담겨져 있다. 즉 어떤 지식[德]이 자신을 포함한 일부 사람들에게만 유효하게 적용되지 않고 이성을 소유한 모든 사람들에게 유효할 수 있는지를 성찰하라는 의미이다. 그러한 덕이 바로 중용이고, 원리가 바로 '중'인 것이다.

6. 사斯 : '차此' 즉 '이것'의 의미이다. 즉 이상 세 가지 점이 바로 순임금을 위대한 지혜를 소유한 군주라고 칭송한 근거이다.

제7장
사람들은 스스로 자기는 지혜로운 사람이라고 말한다 [人皆曰予知].

경문

공자가 말했다. "사람들은 모두 '스스로 나는 지혜로운 사람이다'라고 말하지만 덫과 함정 한 가운데로 몰아넣어도 피할 줄 모른다. 사람들은 모두 '스스로 나는 지혜로운 사람이다'라고 말하지만 중용의 도리를 선택하더라도 1개월을 지키지 못한다."

子曰 : "人皆曰'予知[1]', 驅[2]而納諸罟擭[3]陷阱[4]之中而莫之知辟[5]也. 人皆曰'予知', 擇乎中庸[6]而不能期月[7]守也."

역자 해설

1. 여지予知 : '스스로 자기는 총명하다고 생각한다.' 선입견과 편견에 빠

진 사람들은 편향된 지식에 도취되어 스스로 총명하다고 착각한다.

2. 구驅 : '몰아넣다'의 의미이다. 타인이 자신을 덫이나 함정 속으로 몰아넣는 것이 아니라 자기 스스로 자신의 최면에 걸려 덫과 함정에 빠지는 것이니 어찌 그런 사람들을 총명하다고 할 수 있겠는가?
3. 고획罟擭 : '고'는 새나 물고기를 잡는데 사용하는 그물이고, '획'은 짐승을 잡는 큰 덫이다.
4. 함정陷阱 : 땅을 깊게 파놓아 짐승을 잡는 장치이다.
5. 막지지피莫之知辟 : '辟'는 '피避'와 같다. 스스로 자신의 편견에 사로잡혀 중용의 도리를 알지 못하는 것은 곧 덫과 함정에 빠지면서도 피할 줄 모르는 것과 마찬가지이다.
6. 택호중용擇乎中庸 : '중용의 도리를 선택하다'의 의미이다. 그러나 뒤 구절을 보면 이곳에서의 선택은 중용의 도리에 대한 정확한 인식을 근거로 한 선택이 아닌 그저 우연의 결과인 것 같다.
7. 기월期月 : '기월期月'은 만 1개월을 가리킨다. 사람들은 비록 우연히 중용의 도리를 선택했을지라도 그것에 대한 분명한 자각이 없기 때문에 만 1개월을 채우지 못한다. 이곳에서는 '덫과 함정으로 몰아넣어도 피할 줄 모른다'와 '중용의 도리를 선택했다고 할지라도 1개월을 지키지 못한다'는 비유로써 중용을 앎[知]과 실천[行] 두 방면으로 나누어 해설하고 있다. '덫과 함정으로 몰아넣어도 피할 줄 모른다'는 중용의 도리에 대한 무지를 표현한 것이고, '중용의 도리를 선택했다고 할지라도 1개월을 지키지 못한다'는 것은 실천을 통하여 중용의 도리에 대한 지식을 오랫동안 유지하지 못함을 말한 것이다.

제8장
안회라는 사람[回之爲人].

경문

공자가 말했다. "안회라는 사람은 중용의 도리를 선택하여 하나의 선한 가치를 자각하면 그것을 가슴에 꽉 간직하고서 잃어버리지 않는다."

子曰 : "回[1]之爲人[2]也, 擇乎中庸[3], 得一善[4], 則拳拳服膺[5]而弗失之矣."

역자 해설

1. 회回 : 공자의 제자인 안회[顏回-顏淵]이다. 자는 자연子淵인데 일반적으로 안연顏淵이라고 칭한다. 『논어』에는 많은 공자의 제자들이 출현하는데, 공자는 자신의 제자들에 대하여 때로는 칭찬을, 때로는

질책을 마다하지 않는다. 그러나 오로지 한 사람에게만 칭찬만을 할 뿐 질책을 하지 않는데, 그 사람이 바로 안회이다.

2. 위인爲人 : '사람됨'을 의미한다. 그러나 '안회라는 사람됨'이라고 번역하면 뒤 문장과 연결이 부자연스럽기 때문에 역자는 '안회라는 사람'이라고 번역했다.
3. 택호중용擇乎中庸 : 중용의 도리에 대한 올바른 인식을 의미한다.
4. 득일선得一善 : '하나의 선함을 얻다'는 의미이지만, 실제로는 선한 가치에 대한 자각 혹은 선한 행위를 가리킨다.
5. 권권복응拳拳服膺 : '권권拳拳'은 '받들어 간직하는 모습[奉持之貌]'이고, '복服'은 '착 붙이다[着-著]'는 것이며, '응膺'은 가슴[胸]이다. 즉 얻은 것을 잃어버리지 않고 조심스럽게 간직하려는 모습이다. 『논어』에는 안회에 대한 공자의 칭찬이 여러 곳에 보이는데, 그중 하나가 바로 '동일한 과실을 두 번 범하지 않는다'[1]는 것이다. 어떻게 동일한 과실을 두 번 범하지 않을 수 있는가? 그것은 바로 잘못에 대한 참된 인식을 간직하고 있기 때문이다. 주희 역시 안회가 중용의 도리와 선한 가치를 간직하고 지킬 수 있는 원인은 참된 앎[眞知]이 있기 때문이라고 한다.[2] 이곳에서도 안회라는 사람을 비유로 삼아 중용을 앎과 실천 두 측면으로 나누어 해설한다. '택호중용擇乎中庸'은 중용의 도리에 대한 정확한 인식을 의미하고, 권권복응拳拳服膺은 실천을 통하여 그것을 상실하지 않고 간직함을 의미한다.

---

1 『論語』「雍也」, "不貳過."

2 『中庸章句』, "顔子蓋真知之, 故能擇能守如此, 此行之所以無過不及, 而道之所以明也."

제9장
천하와 국가도 다스릴 수 있지만 중용은 어렵다 [天下國家可均中庸不可能].

경문

공자가 말했다. "천하와 국가를 다스릴 수 있고, 작위와 봉록을 사양할 수도 있으며, 날카로운 칼 위를 밟고 지나갈 수도 있지만 중용의 도리는 (참으로) 실천하기 어렵다."

子曰 : "天下國家可均也[1], 爵祿可辭也[2], 白刃可蹈也[3], 中庸不可能也[4]."

역자 해설

1. 균均 : '다스리다[治]'는 의미이다. 혹자는 '나누어 주다[分]'로도 해석하기도 한다. 뒤의 '작위와 봉록을 사양할 수도 있다'는 구절을 보면 '나누어 주다'로 해석하는 것도 가능할 것 같다. 그렇지만 역자는 이

곳에서 '다스리다'의 의미를 취했다. 천하와 국가를 다스리는 일이 얼마나 어렵고 힘든 일인가? 그러나 중용의 도리를 실천하는 것에 비하면 오히려 용이한 일이다.

2. 작록가사爵祿可辭 : '작爵'은 작위이다. 예로부터 공작公爵, 후작侯爵, 백작伯爵, 자작子爵, 남작男爵 등의 작위가 있다. '록祿'은 관직을 가진 사람에게 지급하는 연봉 혹은 월봉이다. 옛날에는 식읍食邑을 하사하기도 했는데, 이것 역시 봉록의 범주에 포함된다. 작위와 봉록은 당시 지식인들과 공경대부들이 일생을 바쳐 추구한 것이지만 이러한 작위와 봉록도 기꺼이 사양할 수 있다. 그러나 중용의 도리를 참으로 실천하기 어렵다.
3. 백인가도白刃可蹈 : '백인白刃'은 '흰 칼날'의 의미이지만 서슬이 퍼런 날카로운 칼날을 지칭한다. '도蹈'는 '밟다'는 의미이다. 서슬이 퍼런 날카로운 칼날도 밟고 지나갈 수 있지만 중용의 도리는 그것보다도 실천하기 어렵다.
4. 중용불가능中庸不可能 : 중용의 도리는 오히려 실천할 수 없다. 이 구절에 대한 주희의 해석이 아름답다. 주희에 의하면[1], "천하와 국가를 다스릴 수 있고, 작위와 봉록을 사양할 수도 있으며, 날카로운 칼위를 밟고 지나갈 수도 있다"는 세 가지 일은 지智와 인仁 및 용勇에 속한 일이다. 이 세 가지 일은 지극히 어려운 일이지만 '지'와 '인' 및

---

1 『中庸章句』, "三者亦知仁勇之事, 天下之至難也, 然不必其合於中庸, 則質之近似者皆能以力為之, 若中庸, 則雖不必皆如三者之難, 然非義精仁熟, 而無一毫人欲之私者, 不能及也. 三者難而易, 中庸易而難, 此民之所以鮮能也."

'용' 중 어느 한 쪽에 치우친 일이다. 따라서 인자함과 용기는 부족하지만 지혜와 재능이 뛰어난 사람은 천하와 국가를 잘 다스릴 수 있다. 또 지혜와 재능 그리고 용기는 부족하지만 인자한 사람은 작위와 봉록을 초개草芥처럼 여기고서 포기할 수도 있다. 지혜와 재능 그리고 인자함은 부족하지만 공자의 제자인 자로子路처럼 용기가 빼어난 사람은 날카로운 칼날도 두려워하지 않고 밟을 수 있다. 이러한 일은 지극히 어려운 일이지만 어느 측면에서만 보면 오히려 쉬운 일일 수도 있다. 그러나 중용의 도리는 매우 평상적인 것이어서 알기 쉽고 실천하기 용이할 것 같지만 실천하려고 하면 참으로 어렵고도 어렵다. 즉 쉬운 것 같지만 어렵다. 때문에 민중들 사이에 중용의 도리를 실천할 수 있는 사람이 적은지 오래 된 것이다.

제10장

자로가 강인함에 관하여 묻다[子路問强].

경문

자로가 강함에 대하여 묻자, 공자가 말했다. "(네가 알고자 하는 강함은) 남방 사람들이 긍정하는 강인함인가? 아니면 북방 사람들이 긍정하는 강인함인가? 아니면 네가 추구하는 강인함인가? 너그러운 마음과 부드러운 태도로써 타인을 교화하여 감복시키고, 다른 사람이 자신에게 무례하게 대하더라도 보복하려는 마음을 갖지 않는 것은 남방 사람들이 긍정하는 강인함이다. 군자[온유한 사람]는 이러한 강인함에 머문다. 병장기와 갑옷으로 요를 삼아 잠을 자고, 전쟁에 나가 죽더라도 후회하지 않는 것이 북방 사람들이 긍정하는 강인함이다. 강한 용기와 싸움을 피하지 않는 사람들이 이러한 강인함에 머문다.

子路[1]問强. 子曰 : "南方之强與? 北方之强與[2]? 抑而强

與[3]? 寬柔以教[4], 不報無道[5], 南方之强也. 君子居之[6]. 衽金革[7], 死而不厭[8], 北方之强也. 而强者居之[9].

역자 해설

1. 자로子路 : 공자 제자인 중유仲由의 자字이다. 공자의 제자 중에서 가장 나이 많은 사람 중의 하나이지만, 지나치게 용勇의 덕을 추구하여 공자로부터 자주 질책을 받는다. 아마 『논어』에 출현하는 제자 중에서 공자의 꾸중을 제일 많이 받은 사람은 자로일 것이다. 물론 재여宰予처럼 불인不仁이라는 극단적 질책은 받지 않는다. 『논어』「선진先進」편에 다음과 같은 내용이 수록되어 있다.

> 공자가 말했다. "자로가 어찌 비파를 내 문 앞에서 연주하는가?" (이러한 공자의 질책이 있은 후에) 문인들이 자로에게 불경하게 대하자 공자가 말했다. "자로는 마루에 올랐으나, 아직 내실에 이르지 못했을 뿐이다."[1]

'당堂'은 마루이고, '실室'은 방[內室]을 의미하지만, 실제로 내실은 인격의 완성인 성인의 경지를 지칭한다. 자로가 내실로 들어가는

---

1 『論語』「先進」, "子曰 : '由之瑟, 奚爲於丘之門?' 門人不敬子路, 子曰 : '由也升堂矣, 未入於室也.'"

전 단계인 '당'에 올랐다는 사실은 비록 자로가 공자에게 자주 질책을 받지만 이미 상당한 인격의 경지에 이른 사람임을 알 수 있다.

2. 남방지강여南方之强與? 북방지강여北方之强與? : 남방 사람들이 긍정하는 강인함인가? 아니면 북방사람들이 긍정하는 강인함인가? '여與'는 '여歟'와 동일한 의미로 '그런가'라는 의문사이다. 중국의 북방과 남방은 지리와 기후 등의 차이로 말미암아 그곳에 거주하는 사람들의 기질과 문화 그리고 가치관 등이 판이하게 다른 경우가 많다. 따라서 북방과 남방 사람들이 긍정하는 강인함도 서로 다른 것이다.
3. 억이강여抑而强與 : '억抑'은 '아니면'의 의미이고, '이而'는 '너[汝]'의 뜻이다. 따라서 이 구절은 "아니면 네가 긍정하면서 추구하고자 하는 강인함인가"의 의미이다.
4. 관유이교寬柔以教 : '관寬'은 너그러운 태도이고, '유柔'는 부드러움이다. 즉 타인을 무력으로 제압하거나 강한 태도로써 질책하기보다는 너그럽고 부드러운 태도로써 용서하고 포용하여 감화시킨다.
5. 불보무도不報無道 : '무도'에 대하여, 주희는 무례함[橫逆]이라고 했다. 다른 사람이 자신에게 무례하게 대하더라도 너그럽고 부드러운 태도로써 그들을 교화시킬 뿐 보복하지 않는다. 『맹자』「이루하」편에 다음과 같은 내용이 수록되어 있다.

> 맹자가 말했다. "여기에 어떤 사람이 있는데, (그 사람이) 나에게 무례하고 난폭하게 대하면, 군자는 반드시 자신을 돌이켜 보고서 반성한다. '내가 틀림없이 (그 사람에게) 인자하게 대하지

않았고, 예를 갖추지 않았나보다. (그렇지 않다면) 이렇게 무례한 일이 어찌 나에게 닥치겠는가?' (그런데) 스스로 돌이켜보아 반성했는데 (그 사람에게) 인자하게 대했고, 스스로 돌이켜보아 반성했는데 (그 사람에게) 예를 갖추었음에도 불구하고 난폭하고 무례함이 그 전과 똑같다면, 군자는 스스로 자신을 돌이켜보아 반성한다. '내가 틀림없이 진실하지 못했는가 보구나.' (그런데) 스스로 돌이켜보아 반성했는데 (그 사람에게) 진실하게 대했음에도 불구하고, 난폭하고 무례함이 그 전과 같다면, 군자는 '이러한 자는 정신 나간 사람이다. 이렇다면 금수와 어떤 차이가 있겠는가? 금수에게 질책할 필요가 있겠는가'라고 한다."[2]

아무런 이유 없이 무례하게 행동하는 사람에 대한 맹자의 태도는 남방인의 강인함과 완전 일치하는 것은 아니지만 북방인이 추구하는 강인함보다는 남방인의 태도에 가깝다.

6. 군자거지君子居之 : '거居'는 '편안하게 머문다'는 뜻이다. 즉 군자는 남방사람들처럼 너그럽고 부드러운 태도를 진정한 강함으로 삼는다는 의미이다. 이 구절만 보면 남방인의 강함이 군자가 긍정하는

2 『孟子』「離婁下」, "孟子曰 : 有人於此, 其待我以橫逆, 則君子必自反也. '我必不仁也. 必無禮也. 此物奚宜至哉?' 其自反而仁矣, 自反而有禮矣, 其橫逆由是也, 君子必自反也. '我必不忠.' 自反而忠矣, 其橫逆由是也, 君子曰 : '此亦妄人也已矣! 如此則與禽獸奚擇哉? 於禽獸, 又何難焉?'"

강함과 일치하는 것 같지만 뒤의 구절을 보면 군자의 진정한 강함은 이에 그치지 않는다. 따라서 이곳에서의 군자는 인격의 완성자로서 군자라기보다는 부드럽고 아량이 넓은 인품을 소유한 사람으로 해석해야 할 것 같다.

7. 임금혁衽金革 : '임衽'은 잠잘 때 자리에 까는 것이다. 즉 요를 의미한다. '금金'은 창과 칼 등의 병장기이고, '혁革'은 갑옷이다. 병장기와 갑옷을 잠자리에 깔고서 잔다는 것은 병장기를 손에서 놓지 않고 갑옷을 입고 잠을 잔다는 것으로, 항상 전쟁에 임할 자세가 되어 있음을 의미한다. 원래 중국 북방사람들은 척박한 농토 등 열악한 환경에 처하여 있기 때문에 항상 무력으로써 남쪽 지방을 공략했다. 북방인들은 임전무퇴臨戰無退의 정신과 호전적 기질 때문에 굳센 용기와 힘을 진정한 강함으로 삼았다.
8. 사이불염死而不厭 : '염厭'은 '싫어하다'는 의미이지만, '사이불염'은 비록 전쟁에 나아가 죽더라도 후회하지 않는다로 해석하는 것이 타당하다.
9. 강자거지强者居之 : 북방의 강인한 사람들은 병장기를 깔고서 잠을 자고, 전쟁에 나가 죽더라도 후회하지 않는 태도를 진정한 강자의 미덕으로 긍정한다. 이곳에서 '강자'는 강한 용기와 싸움을 피하지 않은 무인의 기상을 소유한 사람을 지칭한다.

경문

그러므로 군자는 타인들과 조화롭게 지내지만 세속에 휩쓸리지 않으니, 강하고 출중하구나! 중도에 위치하고서 어디에도 치우치지 않으니, 강하고 출중하구나! 나라에 도가 있을 때에는 곤궁했을 때 세웠던 의지를 바꾸지 않으니, 강하고 출중하구나! 나라에 도가 없을 때에는 설령 죽더라도 후회하지 않으니, 강하고 출중하구나!"

故君子和而不流[1], 强哉矯[2]! 中立而不倚[3], 强哉矯! 國有道[4], 不變塞[5]焉, 强哉矯! 國無道, 至死不變[6], 强哉矯!"

역자 해설

1. 화이불류和而不流 : '화'는 『논어』「자로子路」 편에서 말한 "군자는 조화를 추구하되 획일성을 도모하지 않는다. 소인은 같음만을 추구할 뿐 차이성을 존중하는 조화를 긍정하지 않는다"[3]에서의 '조화'와 같은 의미이다. '화'는 상대방의 차이성을 긍정하고 존중하는 군자의 태도이다. 그렇다고 군자가 조화만을 추구할 뿐 자신의 입장이 없는

3 『論語』「子路」, "君子和而不同, 小人同而不和."

것은 아니다. 때문에 "타인들과 조화롭게 지내지만 세속에 휩쓸리지 않는다"고 한 것이다. 현대적인 용어로 풀이한다면, 대중의 뜻과 조화를 이루지만 그 물결에 휩쓸려 주체성을 매몰당하지 않는다는 것이다.

2. 강재교强哉矯 : '교矯'는 강한 모습이지만 탁월하고 출중하다는 의미도 내포하고 있다. 따라서 '강재교'는 이러한 군자의 강함이야말로 '강하면서도 탁월하고 출중하다'로 해석해야 한다.
3. 중립이불의中立而不倚 : '중中'의 공간적 의미는 한 가운데이지만, 이곳에서는 천하의 중도中道를 의미한다. 중도는 곧 정도正道이기 때문에 어디에도 치우치지 않으면서 중립을 유지할 수 있다.
4. 국유도國有道 : '국가에 도가 있다'에서 도를 추상적인 개념으로 규정하면 안 된다. 구체적인 의미로는 국가의 질서가 확립되었다는 것, 또 다른 의미는 국가가 경제적으로 부유하게 되었다는 것이며, 마지막으로는 자신이 뜻을 펼칠 수 있는 환경이 조성되었다로 해석할 수 있다.
5. 불변색不變塞 : 정현은 '색塞'을 '실實'로 해석했다. 즉 부귀하더라도 그 실질을 바꾸지 않는다. 반면 주희는 미달未達로 해석했다. 즉 자신의 뜻을 충분하게 펼칠 수 없거나, 국가의 질서가 확립되지 않은 경우가 이에 해당한다. 역자는 주희의 해석이 전후 구절에 부합한다고 생각한다. 즉 자신의 뜻을 펼칠 수 없었던 곤궁한 시기에 다짐했던 뜻을 환경이 변했다고 해서 바꾸지 않는다.
6. 국무도國無道, 지사불변至死不變 : '국무도'와 '국유도'는 부정과 긍정만

다를 뿐 의미는 동일하다. 국가가 무질서하게 되면 온갖 사술과 편법이 난무하게 되는데, 이러한 상황에 직면하더라도 '도가 있을 때 원칙을 지켰던 것처럼 곡학아세曲學阿世하지 않는다.' 설령 원칙을 고수하다가 죽는 한이 있을지라도 평생의 원칙을 바꾸지 않고 지킨다.

제11장

특이하고 괴이한 일을 하다[素隱行怪].

경문

공자가 말했다. "다른 사람들이 관심을 갖지 않은 일을 추구하면서 괴이한 일을 행하는 것을 후세에 기술하여 전하는 자가 있는데, 나는 그런 짓을 하지 않는다.

子曰 : "素[索]隱行怪[1], 後世有述[2]焉, 吾弗爲之矣."

역자 해설

1. 소은행괴素隱行怪 : 정현은 '소素'를 '향하다'의 '소傃'로 해석해야 한다고 주장했다. 반면 주희는 『한서漢書』에 따라 마땅히 '색索'이어야 한다고 주장하면서 이는 글자의 오류라고 지적한다.[1] 역자는 주희의 해석을 취하겠다. 따라서 '소은素隱'은 '색은索隱'으로서, 다른 사람들

이 별로 관심을 보이지 않은 '은피隱避'한 일을 추구한다는 의미이다. '행괴行怪'는 괴이한 일을 한다는 의미이다. 즉 '색은행괴'는 특이한 일을 추구한다는 것인데, 그 목적은 세상 사람들의 이목을 끌기 위한 것이다. 주희는 이러한 사람들을 '지혜의 지나침[知之過]'라고 한다. 비록 '색은행괴'의 일이 세상 사람들의 이목을 끌어 그것을 기술하여 후세에 전해진다고 할지라도 중용의 도리가 아니기 때문에 성인은 결코 이러한 일을 하지 않는다.

2. 술述 : 은피하고 괴이한 일들을 기술하여 전하다.

경문

군자[어떤 사람]는 도에 따라 행하다가 중간에 그만두기도 하는데, 나는 그만 두지 못한다.

君子遵道而行, 半途而廢, 吾弗能已[1]矣.

역자 해설

1. 군자준도이행君子遵道而行, 반도이폐半途而廢, 오불능이吾弗能已 : 이곳

1 『中庸章句』, "素, 按漢書當作索, 蓋字之誤也."

에서의 군자는 성인과 동일한 의미의 군자가 아니다. '어떤 사람'으로 해석하는 것이 합리적이다. '준도이행遵道而行'이라는 말을 보면, 그 사람이 중용의 도리를 선택하여 실천하다가 의지가 부족하여 중도에 그만두었음을 알 수 있다. 즉 중용의 도리를 알 수 있는 지혜는 갖추었지만, 이를 끝까지 실천하여 완성하려는 의지가 부족했던 것이다. 반면 성인은 중용의 도리를 알 수 있는 지혜와 그것을 완성할 수 있는 의지를 충분하게 갖추었기 때문에 중단이 없는 것이다. '이已'는 '멈추다', '그만두다' 혹은 '포기하다' 등의 뜻이다.

경문

군자는 중용의 도리에 따라 살다가 세상에 은둔하여 (그 명성이 알려지지 않아) 사람들에게 인정을 받지 못한다고 할지라도 후회하지 않는다. 이러한 일은 오로지 성인만이 할 수 있다."

君子依乎中庸, 遯世不見知而不悔, 唯聖者能之[1].

역자 해설

1. 군자의호중용君子依乎中庸, 둔세불견지이불회遯世不見知而不悔, 유성자

능지唯聖者能之 : '둔遯'은 '숨다'의 의미이다. 이곳에서의 군자는 앞의 군자와 다르다. 즉 성인과 동일한 인격 경지에 이른 사람이다. 군자는 중용의 도리를 선택하고서 그것을 일생동안 실천하면서 살다가 뜻을 펼치지 못하고 세상에 은둔하면서 사람들에게 자신의 행위가 긍정받지 못한다고 할지라도 세상 사람들을 원망하지도 않고, 중용의 도리를 선택하여 중단 없이 실천한 것에 대해 후회하지도 않는다. 이러한 일을 할 수 있는 사람은 오로지 성인뿐이다.

제12장

군자의 도는 광대하지만 알기는 어렵다 [君子之道, 費而隱].

경문

군자의 도는 그 쓰임[用]은 넓고 크지만 그 본체[體]는 (오히려) 은미하여 알기 어렵다. 일반 여염집 남녀의 어리석음으로도 (중용의 도를) 함께 알 수 있지만, 지극한 (경지에) 이르러서는 비록 성인이라고 할지라도 모르는 바가 있다. 일반 여염집 남녀의 불초함으로도 (중용의 도를) 실행할 수 있지만 지극한 (경지에) 이르러서는 비록 성인이라고 할지라도 할 수 없는 바가 있다. 천지가 아무리 크더라도 사람은 아쉬움[憾]이 있는 것 같다. 그러므로 군자가 큼[大]을 말하면 천지도 그것을 싣지 못하고, 작음[小]을 말하면 천하도 깰 수 없다.

君子之道, 費而隱[1]. 夫婦之愚, 可以與知焉[2], 及其至也, 雖聖人亦有所不知焉[3]. 夫婦之不肖[4], 可以能行焉[5], 及其至也, 雖聖人亦有所不能焉[6]. 天地之大也, 人猶有所憾[7]. 故君子語大, 天下莫能載焉[8], 語小, 天下莫能破焉[9].

역자 해설

1. 비이은費而隱 : 주희는 "비費는 쓰임의 광대함이고, 은隱은 본체의 은미함이다"[1]라고 주석했다. 주희철학에 의하면, 이곳에서 본체는 세 방면에서 말할 수 있다.

   첫째, 천도 자체이다.

   둘째, 하늘로부터 부여 받은 본성이다.

   셋째, 만물의 존재 원리인 소이연지리所以然之理이다.

   우주내의 모든 현상은 천도의 자아실현이고, 본성의 감응[실천] 대상이다. 또 현상의 배후에는 모두 그것이 그렇게 존재할 수밖에 없는 소이연지리가 내재되어 있다. 현상, 즉 본체의 쓰임은 이처럼 광대하지만 감각경험인 견문見聞으로 인식 가능하다. 그러나 그 배후에 있는 본체는 견문의 대상이 아니기 때문에 쉽게 알 수 없다. 천도를 자각할 수 있는 큰 혜안을 갖고 있어야만 천도를 체득할 수 있다. 이곳에서 '은隱'은 '은미하여 알기 어렵다'는 의미이다.

2. 부부지우夫婦之愚, 가이여지언可以與知焉 : '여與'는 '참여하다'의 의미

1 『中庸章句』, "費, 用之廣也, 隱, 體之微也."

지만, 이곳에서는 '함께'로 번역했다. 이 문장을 직역하면 '부부의 어리석음으로도 함께 알 수 있다'로 해야 한다. 이곳의 부부는 부부지간으로 해석해도 되고, 일반 여염집 남녀를 지칭한다고 해도 무방하다. 그렇다면 '일반 남녀 혹은 부부가 어리석다'는 의미인가? 그렇지 않다. 부부와 일반 남녀 그리고 어리석다[愚]는 것은 단지 '중용의 도는 일반 사람들도 모두 함께 알 수 있고, 실천할 수 있다'는 것을 비유적으로 표현한 것에 불과하다. 또 부부 생활은 공동체의 출발점이다. 군자의 도리는 가깝게는 부부 생활에서부터 멀게는 천지를 포괄할 수 있을 정도로 넓고 광대하다. 크게 말하면 밖이 없고[語大無外], 작게 말하면 안이 없다[語小無內]. 때문에 군자의 도를 '비費', 즉 광대하다고 한 것이다.

3. 수성인역유소부지언雖聖人亦有所不知焉 : 비록 군자가 실현하는 도의 쓰임은 넓고 광대하지만 그것의 궁극적인 원인, 즉 소이연은 희미하여 잘 드러나지 않는다. 때문에 성인이라고 할지라도 알 수 없는 바가 있을 수 있다. 또 현상계에서 사람들이 하는 일은 도의 입장에서 보면 부분 중의 부분일 뿐이다. 때문에 아무리 성인이라고 할지라도 알 수 없는 것이 있고, 할 수 없는 것이 있을 수 있다.
4. 우愚와 불초不肖 : '우'는 지혜가 부족하다는 것이고, '불초'는 실행의 의지, 즉 덕이 부족함을 말한 것이다. 제4장에서는 "(중용의) 도리가 실행되지 못한 원인을 나는 알았다. 스스로 지혜롭다고 생각하는 사람[知者]은 중용의 도리를 특별하다고 생각하지 않기 때문이고, 어리석은 사람[愚者]은 중용의 도리를 알지 못하기 때문이다. (중용의) 도

리가 밝혀지지 못한 이유를 나는 알았다. 스스로 덕이 있다고 생각하는 사람[賢者]은 (중용의) 도리는 알만한 것이 못된다고 생각하기 때문이고, 덕을 갖추지 못한 사람[不肖者]은 중용의 도리를 실천할 수 없기 때문이다"고 하면서 '행行'과 '지우知愚', '명明'과 '현불초賢不肖'로 짝을 이루었지만, 이곳에서는 '우愚'와 '지知', '불초不肖'와 '행行'이 짝을 이루고 있다. 이 장의 배열이 합리적이다.

5. 가이능행可以能行 : 어리석고 불초한 일반사람들도 중용의 도를 알 수 있고, 실천할 수 있다. 이는 도의 일반성과 평상성을 말한 것이다.
6. 수성인역유소불능雖聖人亦有所不能 : 앞의 '수성인역유소부지언雖聖人亦有所不知焉'과 같은 의미이다. 단지 '앎[知]'이 '실천[行]'으로 바뀌었을 뿐이다.
7. 천지지대야天地之大也, 인유유소감人猶有所憾 : '감憾'은 원망·유감 등의 의미이다. 역자는 '감' 자를 어떻게 표현할 것인지에 대하여 여러 고심을 했다. 천지라는 존재 의미를 감안하여 원망 혹은 유감보다는 약한 의미인 '아쉬움'으로 번역했다. 이 구절에 대한 주희 해설이 참고할만하다. 주희에 의하면, '사람들이 천지에 대하여 아쉬움을 갖는다는 것은 하늘이 덮어주고 땅이 실어주어 만물을 생성함에 치우침, 즉 추위와 더위 그리고 재앙과 상서가 때로는 올바름을 얻지 못하는 경우가 있는 것과 같은 것이다.'[2] 즉 홍수와 가뭄 등이 이에 해당한다. 그러므로 이에 대하여 아쉬움을 갖는 것이다.

---

2 『中庸章句』, "愚謂人所憾於天地, 如覆載生成之偏, 及寒暑災祥之不得其正者."

8. 군자어대천하막능재君子語大天下莫能載 : '어語'는 '말하다'의 뜻이다. 군자가 말한 도는 무엇인가? 바로 중용의 도리이다. 이러한 중용의 도리를 크다는 측면에서 말하면, 밖이 없다[語大無外]. 때문에 천하가 아무리 크다고 할지라도 유한적인 것이어서 무한적인 군자의 도를 실을 수 없는 것이다.

9. 어소천하막능파語小天下莫能破 : 작다는 측면에서 보면 안이 없다[語小無內]. 물리적 단위에서 가장 작은 쿼크[Quark] 역시 안이 있다. 때문에 천하의 어떤 것으로도 군자가 긍정한 중용의 도리를 깰 수 없는 것이다.

경문

『시경』에서 말했다. "솔개는 날아 하늘에 이르고, 물고기는 연못에서 뛰어 논다." 이는 위아래 모두에 (중용의 도리)가 밝게 드러남을 말한 것이다.

詩云 : "鳶飛戾天, 魚躍于淵[1]". 言其上下察[2]也.

역자 해설

1. 연비려천鳶飛戾天, 어약우연魚躍于淵 : 『시경』「대아大雅 · 한녹旱麓」 편

에 있는 시이다. '연鳶'은 '솔개'이고, '려戾'는 '이르다'의 의미이다. 즉 솔개는 높이 날아올라 하늘에 이르고, 물고기는 연못에서 뛰어 논다. 이곳에서 솔개와 물고기는 도의 쓰임이 미치지 않은 곳이 없음을 말한 것이다. 즉 솔개가 하늘에 이른다는 것은 도의 쓰임이 하늘까지 미친다는 것이고, 물고기가 연못에서 뛰어논다는 것은 도의 쓰임이 깊은 땅에까지 이름을 말한 것이다.

2. 상하찰上下察 : 이 구절에 대하여 주희는 "자사가 이 시를 인용한 것은 천지만물이 화육하고 유행하여 상하에 밝게 드러나는 것이 이 리의 쓰임이 아닌 것이 없음을 밝힌 것이다"[3]라고 주석했다. 주희에 의하면, '찰察'은 '드러나다[著]'의 뜻이다.

경문

군자의 도는 단서가 (가장 일상적인) 부부의 생활에서 시작되지만, 그 지극함에 이르러서는 천지에 밝게 드러난다.

君子之道, 造端[1]乎夫婦, 及其至也, 察乎天地[2].

3 『中庸章句』, "子思引此詩以明化育流行, 上下昭著, 莫非此理之用."

역자 해설

1. 조단造端 : '시작하다'의 의미이다. 부부간의 생활은 지극히 평상적인 것이어서 특별한 주목을 끌지 못하지만, 인간 삶의 시작은 바로 이곳으로부터 비롯된다. 때문에 부부의 삶이 바로 군자의 도가 실현되는 시작점인 것이다.

2. 급기지야及其至也, 찰호천지察乎天地 : 군자의 도는 지극히 평상적인 부부의 삶인 가정에서 시작되지만, 그것에만 그치지 않고 지극함에 이르면 천지의 모든 곳에 밝게 드러나지 않음이 없다. 이는 천지 내의 어떤 일도 군자의 도와 무관하지 않음을 말한 것이다.

제13장

중용의 도는 사람과 멀리 떨어져 있지 않다 [道不遠人].

경문

공자가 말했다. "(중용의) 도는 사람과 멀리 떨어져 있지 않다. 사람들이 도를 실천한다고 하면서 오히려 사람을 멀리한다면 그것은 진정으로 도를 실천한 것이라고 할 수 없다.

子曰 : "道不遠人[1]. 人之爲道而遠人, 不可以爲道[2].

역자 해설

1. 도불원인道不遠人 : 중용의 도는 본래 일반사람 누구나 알 수 있고 실행할 수 있는 평상적인 도리이고, 우리의 일상생활 속에서 전개되는 실제적인 도리[實理]이다. 그런데 어떤 사람들은 일상에서 드러나는 평범한 도리에 대하여 특별함을 느끼지 못하고서 스스로 실천할만

한 것이 못된다고 치부한다. 이처럼 도는 우리의 일상생활에서 떠나지 않고, 우리를 멀리하지 않는데 오히려 도를 알지 못한 사람들이 도를 멀리한다. 그러한 사람들이 추구하는 도는 진정한 중용의 도리가 아닐 뿐만 아니라 중용의 도리를 올바르게 실천하는 길도 아니다.

2. 인지위도이원인人之爲道而遠人, 불가이위도不可以爲道 : 도는 본래 사람을 떠나 따로 존재하는 것이 아니기 때문에 도는 반드시 평상의 생활에서 찾아야 한다. 그런데 혹자는 도를 하나의 추상적인 존재로 간주하고서 높고 먼 곳에서만 찾는다. 이처럼 사람들의 일상생활을 떠나서 허상의 도를 추구하는 것은 정도正道를 찾는 것이 아니다.

경문

『시경』에서 말했다. "도끼 자루를 잡고서 도끼 자루를 깎음이여! (도끼 자루의) 기본 틀은 먼 곳에 있지 않다." (자기 손으로) 도끼를 들고서 (다른 새로운) 도끼 자루를 깎으면서 한쪽 눈을 감고 비스듬히 보면서 오히려 아직 멀었다고 생각한다. 그러므로 군자는 사람의 도리로써 타인을 교도하고, (그 사람이) 교정되면 바로 그친다.

詩云 : "伐柯伐柯, 其則不遠[1]." 執柯以伐柯, 睨[2]而視之, 猶以爲遠. 故君子以人治人, 改而止[3].

역자 해설

1. 벌가벌가伐柯伐柯, 기칙불원其則不遠 : 이 시는 『시경』「빈풍豳風 · 벌가伐柯」 편에 나온다. '벌伐'은 '깎다'의 의미이지만, 이곳에서는 '제작하다' 혹은 '만들다'로 해석해야 한다. '가柯'는 '도끼 자루'이고, '칙則'은 '양식樣式' 혹은 '표준'이다. 이 노래에 담겨 있는 의미는 재미가 있을 뿐만 아니라, 시사하는 바가 매우 실질적이다. 어떤 사람이 사용하고 있는 도끼 자루가 낡아 못쓰게 되자, 새로운 도끼 자루를 만들려고 한 손으로는 지금 사용하고 있는 도끼를 잡고 다른 한 손으로는 새로운 도끼자루로 사용할 나무를 잡고서 깎고 있다. 어느 정도 깎아야 하는지를 알려면 자기가 지금 깎고 있는 도끼의 자루와 비교하면 곧 알 수 있다. 그런데도 불구하고 도끼 자루를 제작하고 있는 사람은 그 점을 알지 못하고 한 눈을 감고서 비스듬히 바라보면서 아직 멀었다고 생각한다. 도끼 자루의 표준 양식은 자기 손에 있음에도 불구하고 그 표준을 먼 곳에서 찾는 모습이 바로 '도를 실천하면서 가까이에 있는 사람을 멀리하는 것'과 유사하고, '도는 사람과 멀리 떨어져 있는 것이라고 생각하는 것'과 같다.
2. 예睨 : 원래는 사시斜視를 의미하지만, 이곳에서는 한 눈을 감고서 비스듬히 바라보는 것을 의미한다.
3. 군자이인치인君子以人治人, 개이지改而止 : 이 구절에 대하여 주희는 다음과 같이 주석했다.

만일 사람의 도리로써 사람을 다스리면 사람이 사람일 수 있는 까닭인 도가 각기 자신의 몸에 있기 때문에 처음부터 피차의 분별이 없다. 그러므로 군자는 사람을 다스림에 있어 그 사람의 도리로써 그 사람의 몸을 다스린다. 그 사람이 개과천선하면 즉시 그쳐 다스리지 않는다.[1]

새로 만드는 도끼 자루의 표준은 자신이 잡고 있는 '구舊 도끼' 자루에 있다. 이는 곧 나와 다른 사람의 본성은 동일하기 때문에 내가 그 사람을 다스리는 것이 아니라 실제로는 그 사람의 도로써 그 사람을 다스리는 것을 의미한다. 그 사람이 개과천선改過遷善했다는 것은 곧 그 사람 본성을 회복했다는 것을 의미한다. 이미 본성을 회복했다면 자신의 본성으로써 충분히 중용의 도리를 자각하고 실천할 수 있기 때문에 다른 사람의 교화는 불필요하게 된다.

경문

충서는 중용의 도리와 서로 멀리 떨어져 있지 않다. 무릇 자기에게 적용해보고서 자기 스스로 그것을 원하지 않는다면 타인에게도 적용하지 말아야 한다.

1 『中庸章句』, "若以人治人, 則所以爲人之道, 各在當人之身, 初無彼此之別. 故君子之治人也, 則以其人之道, 還治其人之身. 其人能改, 卽止不治."

忠恕違道不遠[1], 施諸己而不願, 亦勿施於人[2].

역자 해설

1. 충서위도불원忠恕違道不遠 : '위違'는 '서로 떨어지다'는 의미이다. 즉 공자가 말한 충서와 중용의 도는 서로 다른 것이 아님을 말한 것이다.
2. 시저기이불원施諸己而不願, 역물시어인亦勿施於人 : '諸'는 '저'로 읽어야 한다. 어조사로서 '지어之於'와 같다. 즉 '…에'의 의미이다. 이 구절의 의미는 '자기가 하고 싶지 않은 일은 남에게도 시키지 않는다'는 것이다. 즉 자기에게 먼저 적용해보고서 자신이 그것을 수용하지 못한다면 타인 역시 수용하지 못할 것이다. 때문에 타인에게 강요해서는 안 된다. 왜냐하면 사람 마음은 서로 동일하기 때문이다. 『논어』에는 '충忠'과 '서恕'에 관한 해설이 몇 차례 나온다.

> 공자가 말했다. "'삼[증자]아! 나의 도는 하나로 관통된다.' 증자가 대답했다. '예'. 공자가 밖으로 나가고, 문인들이 '무슨 뜻이냐'고 묻자, 증자가 말했다. '선생님의 도는 충서일 뿐이다.'"[2]

2 『論語』「里仁」, "子曰 : '參乎! 吾道一以貫之.' 曾子曰 : '唯.' 子出, 門人問曰 : '何謂也?' 曾子曰 : '夫子之道, 忠恕而已矣.'"

> 중궁이 인에 관하여 묻자 공자가 말했다. "밖에서 일을 할 때는 아주 귀한 손님을 맞이하는 것처럼 정성을 다하고, 백성을 부릴 때는 큰 제사를 모시는 것처럼 정성을 다해야 한다. 네가 원하지 않은 일은 남에게 베풀지 말라.[3]

> 무릇 인자라면 자기가 성취하고 싶으면 타인도 성취하게 해주고, 자기가 통달하고 싶으면 타인도 통달하게 해주어야 한다.[4]

충서라는 말은 자공이 한 말이지만, 그 의미는 공자가 다른 곳에서 이미 충분하게 설명하고 있다. '충'은 '중中' 자와 '심心' 자의 합성 문자이다. 즉 마음이 어디에도 치우치지 않고 중립을 유지하고 있다는 의미이다. 마음이 중립을 유지하려면 사심私心[선입견과 편견 등]이 없어야 한다. 가장 근접한 말로서 '진실함'이 해당된다. 때문에 공자는 "밖에서 일을 할 때는 아주 귀한 손님을 맞이하는 것처럼 정성을 다하고, 백성을 부릴 때는 큰 제사를 모시는 것처럼 정성을 다해야 한다"고 한 것이다. '충'을 칸트 윤리학 개념을 빌려 말하면, 어떤 조건을 전제하지 않은 '정언명령'이 이에 해당될 것이다. 공자가 말한 '서'의 의미는 두 가지이다. 하나는 "네가 원하지 않은 일은 남에게 베풀지 말라"는 것이고, 다른 하나는 "자기가 성취하고 싶으면 타인도 성취하게 해주고, 자기가 통달하고 싶으면 타인도 통달

3 『論語』「顔淵」, "仲弓問仁. 子曰 : '出門如見大賓, 使民如承大祭. 己所不欲, 勿施於人."

4 『論語』「雍也」, "夫仁者, 己欲立而立人, 己欲達而達人."

하게 해주어야 한다"는 것이다. 일반적으로 전자를 '서'의 기본 의미라고 하고, 후자는 '서'의 2차적 의미로 규정한다. '서'의 기본전제 조건은 나의 본성과 타인의 본성은 동일하기 때문에 자신의 진실한 마음을 근거로 타인의 마음을 헤아리면 도에 부합할 것이다. 충서에 관하여 주희는 "자신을 다하는 것은 충이라고 하고, 자기를 미루어 타인에게 미치는 것은 서라고 한다[盡己之謂忠, 推己之謂恕]"고 주석했는데 매우 적절한 해설이다.

경문

군자의 도는 네 가지가 있는데, 나[공자]는 아직까지 한 가지도 원만하게 실현하지 못했다. 자식에게 바라는 마음으로 부모를 섬기지 못했고, 신하에게 바라는 마음으로 군주를 섬기지 못했으며, 아우에게 바라는 마음으로 형을 섬기지 못했고, 친구에게 바라는 것을 내가 먼저 시행하지 못했다. 평상시에 해야 할 덕행을 진심진력하여 실천하고, 평상시에 하는 말들을 조심하며, 만일 조금이라도 부족한 곳이 있으면 감히 노력하지 않을 수 없고, 필요 없는 말들은 함부로 하지 않는다. 말을 할 때는 반드시 (그것을 자신이) 실천할 수 있는지를 생각하고, 일을 할 때는 이미 (자신이 그것에 대하여) 한 말을 생각해야 하는데, 군자가 어떻게 독실하게 노력하여 실천하지 않을 수 있겠는가!"

君子之道四, 丘未能一焉[1]. 所求乎子以事父[2], 未能也. 所求乎臣以事君[3], 未能也. 所求乎弟以事兄[4], 未能也. 所求乎朋友先施之[5], 未能也. 庸德之行[6], 庸言之謹[7]. 有所不足, 不敢不勉[8]. 有餘不敢盡[9]. 言顧行[10], 行顧言[11], 君子胡不慥慥爾[12]!"

역자 해설

1. 구미능일丘未能一 : '구丘'는 공자의 이름이다. '미능일未能一'은 군자가 마땅히 해야 할 도는 네 가지인데, 그중에서 공자 자신은 '한 가지의 일도 원만하게 실현하지 못했다'는 것이다.
2. 소구호자이사부所求乎子以事父 : 군자의 도 네 가지는 앞의 충서에서 '서'를 구체적인 네 가지 일로 분리하여 해설한 것이다. 행위의 주체인 '자신'은 어떤 사람의 자녀일 수 있고, 어떤 사람의 부모일 수도 있다. 따라서 자녀에게 효도를 요구하기 전에 자신이 부모에게 충분한 효심을 실현했는지를 먼저 생각해보아야 한다.
3. 소구호신이사군所求乎臣以事君 : 이하 세 구절은 대상만 다를 뿐 앞의 '所求乎子以事父'의 의미와 같다. '자신의 신하에게 바라는 마음이 있다면 먼저 자신은 자신의 군주에게 그렇게 실천했는지를 성찰한다.'
4. 소구호제이사형所求乎弟以事兄 : '자신의 동생에게 무엇을 바라는 마음

이 있다면 먼저 자신의 형에게 그렇게 실천했는지를 반성하고 성찰한다.'

5. 소구호붕우선시지所求乎朋友先施之 : '친구에게 바라는 마음이 있으면 먼저 자신도 그 친구에게 그렇게 실천했는지를 반성한다.' 이상의 네 구절에서 말한 '구求'는 '바라다'로 해석했지만, 그 안에는 스스로 자책 혹은 반성의 의미가 담겨 있다.
6. 용덕지행庸德之行 : '용'은 평상의 의미이고, '행'은 평상의 도리를 실천함을 의미한다. 따라서 '평상시에 해야 할 덕행을 진심진력하여 실천한다'로 번역했다.
7. 용언지근庸言之謹 : 앞의 '용덕지행'과 같다. '평상시에 하는 말들을 조심한다'는 의미이다.
8. 유소부족有所不足, 불감불면不敢不勉 : 자신의 덕행 실천에 부족함이 느껴지면, 그 점을 보완하려고 노력하지 않을 수 없다.
9. 유여불감진有餘不敢盡 : '여餘'는 '남는 말' 즉 굳이 할 필요가 없는 말이다. 즉 불필요한 말로써 타인의 과실을 질책하기보다는 먼저 자신을 뒤돌아보고 근신해야만 덕행이 더욱 절실하게 될 것이다.
10. 언고행言顧行 : 타인에게 어떤 말을 할 때는 자신은 그것을 충분히 실천할 수 있는가를 먼저 성찰해야 한다.
11. 행고언行顧言 : 어떤 일을 할 때는 자신이 이전에 그것에 대하여 어떻게 말을 했는가를 먼저 생각해야 한다.
12. 호부조조이胡不慥慥爾 : '조조慥慥'는 독실함을 형용한 말이다. '이爾'는 '호乎'와 동일한 의미이다. '어떤 말을 할 때는 자신은 그것을 충

분히 실천할 수 있는가를 먼저 성찰하고, 일을 할 때는 자신이 이전에 그것에 대하여 어떻게 말을 했는가를 먼저 생각해야 하니 어찌 자신을 먼저 독실하게 하지 않을 수 있겠는가!'

제14장

군자는 자신의 지위에 맞는 일을 한다 [君子素其位而行].

경문

군자는 현재 자신이 처해 있는 지위에 맞게 행동하고, 그 밖의 것을 하려고 하지 않는다.

君子素[1]其位而行, 不願乎其外.

역자 해설

1. 소素 : '소'에 관하여 주희는 "소는 현재와 같다. 군자는 현재 자신이 처해 있는 위치에 따라 마땅히 해야 할 일을 할 뿐, 그 밖의 것에 대해서 바라는 마음이 없음을 말한 것이다"[1]라고 주석했다. 예를 들어

1 『中庸章句』, "素, 猶見在也. 言君子但因見在所居之位, 而爲其所當爲, 無慕乎其外之心也."

자신이 군주의 지위에 있으면, 그 지위에 맞게 백성의 일자리를 창출하는 양민養民 사업과 합리적 법질서 구축 그리고 백성을 교화시키는 교민教民의 역할에 충실해야 한다. 신하의 지위에 처해 있으면 충심으로 군주를 보필하고, 군주의 나쁜 마음을 바르게 잡아주면서 올바른 길로 인도해야 한다. 교육자의 지위, 군인의 지위, 경찰의 지위, 사장과 노동자의 지위 역시 마찬가지이다. 공자의 정명론正名論에 따르면, '자신의 분수를 올바르게 지킬 뿐 타인의 권리를 침해하지 않는다[正位分, 不侵權]'에서 '자신의 분수를 올바르게 지키는' '정위분正位分'이 바로 이것에 해당한다.

경문

부귀한 지위에 있으면 부귀한 지위에 합당한 일을 하고, 빈천한 상황에 처해 있으면 빈천한 지위에 합당한 일을 하며, 문명이 아직 개화되지 않은 곳에 처해 있으면 문명화되지 못한 상황에 합당한 일을 하고, 환난에 처해 있으면 환난의 상황에 합당한 일을 한다. (그렇기 때문에) 군자는 들어가는 곳마다 스스로 만족하지 않음이 없다.

素富貴, 行乎富貴[1]. 素貧賤, 行乎貧賤[2]. 素夷狄, 行乎夷狄[3]. 素患難, 行乎患難[4]. 君子無入而不自得焉[5]!

역자 해설

1. 소부귀素富貴, 행호부귀行乎富貴 : 자신이 부귀한 지위에 처해 있으면 부귀한 상황에 합당한 일을 한다. 부귀한 지위에 합당한 일은 무엇일까? 가장 먼저 해야 할 일은 탈세하지 않는 것이다. 다음 자본을 투자하여 일자리를 창출하여 많은 사람들에게 고용의 기회를 주면서 자신의 이익도 함께 도모하는 것이다. 기부 등과 같은 일 역시 부자들에게 요청할 수 있는 일이다. 이상의 일들이 부귀한 상황에 놓여 있는 사람들이 마땅히 해야 할 일들이다. 역자는 가난은 부끄러운 일이 아니지만 그렇다고 자랑할만한 일도 아니라고 생각한다. 자본주의 사회에서 부자는 마땅히 존경을 받아야 한다. 단 부자로서 그 지위에 맞는 합당한 일을 한 부자만이 이런 자격을 갖는다.
2. 소빈천素貧賤, 행호빈천行乎貧賤 : 『논어』에 다음과 같은 말이 있다.

> (공자가) 진나라에 있을 때 양식이 떨어지자, (공자를) 수행하는 제자들이 병들어 일어나지 못했다. 자로가 성난 얼굴로 (공자를 뵙고) 말했다. "군자도 곤궁할 때가 있습니까?" 공자가 말했다. "군자는 곤궁함을 잘 견디지만, 소인은 곤궁하면 방탕하여 함부로 한다."[2]

> 공자가 말했다. "어질구나 안회여! 한 그릇의 밥과 한 표주박의

---

2 『論語』「衛靈公」, "在陳絶量, 從者病, 莫能興. 子路慍見曰 : '君子亦有窮乎.' 子曰 : '君子固窮. 小人窮斯濫矣.'"

물로 누추한 골목에서 사는 삶의 근심을 다른 사람은 견디지 못 하는데, 안회는 (그 때문에) 자신의 즐거움을 바꾸지 않으니, 어질구나 안회여!"[3]

이곳에서 공자는 '자신의 위치에 맞게 행한다[素其位而行]'에 관한 군자와 소인의 차이를 매우 적절하게 해설해주고 있다. 군자라고 해서 항상 부유한 상황에 놓일 수는 없다. 일반사람들과 마찬가지로 곤궁할 때가 있을 수 있다. 그러나 군자는 곤궁한 상황에 처하면 안회처럼 안빈낙도安貧樂道하면서 다른 사람들을 원망하지도 않고 자신의 신세를 한탄하지도 않는다. 반면 소인은 자신이 처한 상황에 대하여 불만을 표출하면서 그 원인을 자신에게서 찾지 않고 타인이나 운명을 탓한다. 이것이 바로 군자와 소인의 근본적인 차이이다.

3. 이적夷狄 : 중화사상에 의하면, 동서남북의 이민족을 오랑캐로 규정하는데, 북쪽은 적[北狄]라고 했고, 남쪽은 만[南蠻]이라고 했으며. 동쪽은 이[東夷]라고 했고, 서쪽은 융[西戎]이라고 했다. 또 흉노匈奴 · 선비鮮卑 · 갈羯 · 저氐 · 강羌을 오호五胡라고 칭했다. 우리나라와 여진은 동이, 북적은 거란과 몽골, 남만은 베트남과 운남성 소수민족, 서융은 탕쿠트와 흉노 등이 해당한다. 그러나 이러한 중화사상은 민족우월주의를 근간으로 한 것으로 하등의 객관적 근거도 없는

---

3 『論語』「雍也」, "子曰 : '賢哉回也! 一簞食, 一瓢飮, 在陋巷, 人不堪其憂, 回也, 不改其樂, 賢哉回也!'"

허울일 뿐이다. 『논어』에 공자는 '이夷'에 관하여 다음과 같이 말한다.

> 공자가 구이에 거처하려고 하자, 제자 중에 한 사람이 "그렇게 누추한 곳에서 어찌 거처할 수 있겠습니까"라고 하자, 공자가 말했다. "군자가 거처하는데 어찌 누추함이 있겠는가?"[4]

군자는 비록 문명이 열악한 '구이'라는 지역에서 거처할 수도 있지만, 군자는 그곳에 거처하면서 그들을 교화할 수 있기 때문에 더 이상 오랑캐 땅이 아니라고 생각한 것이다. 즉 오랑캐와 중화의 차이는 본래 지역에 있지 않고 문화에 있는 것이다. 문화에 도가 있으면 그곳이 바로 중화이고, 문화에 도가 없으면 그곳이 바로 오랑캐 땅인 것이다. 그렇다면 "문명이 아직 개화되지 않은 곳에 처해 있으면 미개한 상황에 합당한 일을 한다"에서 군자가 마땅히 해야 할 일은 그들을 교화하여 문화민족으로 변화시키는 일일 것이다.

4. 소환난素患難, 행호환난行乎患難 : 집안이나 국가의 운명이 위험에 처했을 때 군자는 마땅히 어떻게 해야 하는가? 여러 방면에서 제시할 수 있지만, 불변의 원칙은 자신의 안위보다는 공동체 존망을 우선 고려하는 것이다. 전쟁에 나가 싸울 수도 있고, 민족의 영혼 가치를 수호하기 위하여 교육에 헌신할 수도 있으며, 물자를 모아 군대를 지원할 수도 있을 것이다. 이것이 바로 "환난에 처해 있으면 환난의

---

4 『論語』「子罕」, "子欲居九夷. 或曰 : '陋如之何?' 子曰 : '君子居之, 何陋之有.'"

상황에 합당한 일을 한다"는 것이다.

5. 무입이부자득無入而不自得 : 군자는 자신이 처한 상황에 따라 마땅히 해야 할 일을 하고, 그것에 대하여 어떤 불만도 없이 안빈낙도하기 때문에 "들어가는 곳마다 스스로 만족하지 않음이 없다"고 말한 것이다.

경문

윗자리에 있을 때는 아래 사람을 폄하하지 않고, 아랫자리에 있을 때는 윗사람의 (권력)에 의지하여 출세하려고 하지 않는다. 스스로 자신을 올바르게 할 뿐 (실패의 원인을) 타인에게서 찾지 않으면 원망하는 사람이 없을 것이다. 위로는 하늘을 원망하지 않고, 아래로는 다른 사람을 책망하지 않는다. 그러므로 군자는 편안한 곳에 거처하면서 운명을 기다릴 줄 알고, 소인은 정도를 지키지 않고 요행만을 바란다. 공자가 말했다. "활을 쏠 때의 태도가 군자의 도리와 유사하다. 활을 쏘아 정곡을 맞추지 못하면 단지 자신의 잘못으로 돌릴 뿐 타인을 책망하지 않는다."

在上位不陵下[1], 在下位不援上[2]. 正己而不求於人[3], 則無怨. 上不怨天, 下不尤人[4]. 故君子居易以俟命[5], 小人行險以徼幸[6]. 子曰 : "射有似乎君子[7], 失諸正鵠, 反求諸其身[8]."

역자 해설

1. 재상위불릉하在上位不陵下 : 자신의 높은 지위를 이용하여 아래 사람을 폄하하거나 함부로 대하지 않는다.
2. 재하위불원상在下位不援上 : 비록 지위가 낮다고 할지라도 윗사람 권력에 아부하면서 출세하려고 하지 않는다.
3. 정기이불구어인正己而不求於人 : 모든 일의 책임을 자신에게로 돌리고 스스로 올바른 정도만을 추구할 뿐 타인에게 책임을 전가하지도 않고, 타인 힘을 빌리지도 않는다.
4. 상불원천上不怨天, 하불우인下不尤人 : 우리는 일이 자신 뜻대로 풀리지 않으면 하늘이 무심하다고 원망하고, 자신을 도와주지 않은 주변사람들을 원망하기도 한다. 그러나 군자는 모든 원인을 자신에게서 찾을 뿐 "위로는 하늘을 원망하지 않고, 아래로는 다른 사람을 책망하지 않는다."
5. 거이이사명居易以俟命 : '이易'는 '평이하다'의 의미이고, '사명俟命'은 '운명을 기다리다'의 의미이다. 군자는 항상 자신이 처한 곳에서 마땅히 해야 할 일을 하기 때문에 거처하는 곳마다 편안하다. 즉 먼저 자신이 마땅히 해야 할 일을 하면서 환경이 변화되기를 기다린다.
6. 행험이요행行險以徼幸 : 소인은 항상 위험한 투기를 즐기면서 자신에게 행운이 있기를 요구한다. '요徼'는 '요구'의 의미이다.
7. 사유사호군자射有似乎君子 : 활을 쏘는 것은 군자와 유사하다. 화살을 목표물에 명중시키지 못한 것은 활을 쏘는 사람의 기술 문제일 뿐 활과 화살의 문제가 아니다. 따라서 군자는 목표물에 명중 여부의

책임을 자신에게 돌릴 뿐 활에서 찾지 않는다.

8. 실저정곡失諸正鵠, 반구저기신反求諸其身 : '諸'는 '저'로 읽어야 한다. '…에'의 뜻이다. 옛날에 과녁으로 쓰는 베를 '후侯'라고 했고, 이 후에 붉은 가죽을 꿰맨 것을 '곡鵠'이라고 했다. '곡'의 중심이 '정正'이다. 따라서 정곡은 바로 과녁의 한 중심을 말한다. 혹자들은 골프를 치다가 공이 원하는 방향으로 가지 않으면 바람이나 골프채 탓을 한다. 그러나 군자는 근본적인 문제점을 자신에게 찾을 뿐 활이나 화살 그리고 골프채 등 외적인 것에서 원인을 찾지 않는다. 이것이 바로 군자와 소인의 차이이다.

제15장
높은 곳을 오르려면 낮은 곳으로부터 시작해야 한다 [登高自卑].

경문

군자의 도는 다음과 같이 비유할 수 있다. '먼 곳을 가려면 반드시 가까운 곳으로부터 시작해야 하고, 높은 곳을 오르려면 반드시 낮은 곳으로부터 시작해야 한다.'

君子之道, 辟如[1]行遠必自邇[2], 辟如登高必自卑[3].

역자 해설

1. 비여辟如 : '비辟'는 '비譬' 즉 '비유하다'의 뜻이다. '여如'는 '…과 유사하다' 혹 '…과 같다'의 의미이다.
2. 행원필자이行遠必自邇 : '자自'는 '…로부터' 의미이고, '이邇'는 '가깝다'의 뜻이다. 즉 먼 곳을 가려면 반드시 가까운 곳에서부터 출발해야

하는 것처럼, 천도 혹은 천리와 같은 위대한 원리를 깨달으려면 반드시 집안과 같은 가까운 곳에서 행해지는 도리부터 철저하게 인식해야 한다.

3. 등고필자비登高必自卑 : '비卑'는 비천하다의 뜻이지만, 이곳에서는 '낮다'의 의미로 사용된다. 즉 높은 산을 오르려면 반드시 낮은 곳에서부터 출발해야 한다. 낮은 곳으로부터 출발하여 높은 곳에 이르는 것처럼, 중용의 도리 역시 비록 지극하지만 가장 일상적인 효제충신孝悌忠信으로부터 시작되어야 한다.

경문

『시경』에서 말했다. "아내와 사랑하고 자식들과 서로 뜻이 맞는 것이 마치 비파와 거문고를 타는 듯하며, 형제간에 서로 화합하니 즐겁고도 즐겁다. 가족이 서로 화목하니 너의 처자들이 즐겁다."

詩曰 : "妻子好合[1], 如鼓琵琴[2]. 兄弟旣翕[3], 和樂且耽[4]. 宜爾室家[5], 樂爾妻孥[6]."

역자 해설

1. 처자호합妻子好合 : 이 노래는 『시경』「소아상체小雅常棣」 편에 나오는 구절이다. 아내와 사랑하고, 자식들과 화합한다는 뜻이다.
2. 여고비금如鼓瑟琴 : '비琵'는 비파이고, '금琴'은 거문고이다. 주희는 '비파와 거문고를 연주한다는 것은 조화로움을 말함'이라고 한다. 즉 아내와 사랑하고 자식들과 화합하는 모습이 마치 비파와 거문고를 타는 것과 같다.
3. 형제기흡兄弟旣翕 : 아내와 자녀뿐만 아니라 형제들과도 서로 화합한다. '흡翕'은 '합合'의 의미로서 서로 조화롭게 지낸다는 뜻이다.
4. 화락차탐和樂且耽 : '화락和樂'은 조화로움의 즐거움이고, '탐耽' 역시 즐거움을 의미한다.
5. 의이실가宜爾室家 : '이爾'는 '여汝' 즉 '너'의 의미이고, '실가室家'는 집안을 의미한다. '의宜'는 마땅함이지만, 이곳에서는 가정에서 지켜야 할 도리를 준수한다는 의미로 사용된다. 즉 먼 길을 가려면 가까운 곳에서부터 출발해야 하고, 높은 산을 오르려면 낮은 곳에서부터 시작해야 하는 것처럼 국가와 천하를 다스리는 위대한 일도 가정에서 아내와 사랑하고, 자녀와 화합하며, 그리고 형제간에 서로 우애하는 것에서부터 시작해야 한다.
6. 락이처노樂爾妻帑 : '노帑'는 본래 자식을 의미하지만, 일반적으로 아내와 자식을 통칭하는 용어로 사용되기도 한다. 즉 가정이 조화롭게 유지되면 아내와 자녀가 즐겁다.

경문

공자가 말했다. "(아내와 사랑하고 자식들과 서로 뜻이 맞으며, 형제간에 서로 화합하면) 부모가 즐거워 할 것이다."

子曰 : "父母其順[1]矣乎[2]!"

역자 해설

1. 순順 : '즐겁다'와 '편안하다' 두 의미 모두 통한다.
2. 부모기순의호父母其順矣乎 : 이 구절에 대하여 주희는 "공자가 이 시를 외우고 칭찬하면서 '사람이 처자와 화합하고 형제간에 이처럼 화목하면 부모가 편안해 할 것이다'[1]"라고 주석했다.

---

1 『中庸章句』, "夫子誦此詩而贊之, 曰 : 人能和於妻子宜於兄弟如此, 則父母其安樂之矣."

제16장

귀신의 덕이 성대하구나 [鬼神之爲德, 其盛矣乎].

경문

공자가 말했다. "귀신의 덕이 성대하구나! 보려고 해도 보이지 않고, 들으려고 해도 들리지 않는다. 천지만물을 모두 드러내면서 하나의 사물도 빠뜨리지 않는다. 천하 사람들로 하여금 몸과 마음을 재계하게 하고, 의복을 성대하게 하여 제사를 받들게 하면서, 그 위에 꽉 차 있는 듯 하고, 좌우에 있는 것 같다."

子曰 : "鬼神之爲德[1], 其盛[2]矣乎! 視之而弗見[3], 聽之而弗聞[4]. 體物而不可遺[5]. 使天下之人, 齊明盛服[6], 以承祭祀[7], 洋洋乎如在其上, 如在其左右[8]."

역자 해설

1. 덕德 : 주희는 정이[伊川]의 말을 빌려 "귀신은 천지의 공용功用이고, 조화의 흔적이다"[1]라고 주석했다. 또 장재의 말의 빌려 "귀신은 (음과 양) 두 기의 양능이다"[2]라고 주석했다. 주희는 정이와 장재의 해설을 근거로 귀신에 대해 빼어난 철학적 해석을 한다.

> 귀라는 것은 음의 영명함이고, 신이라는 것은 양의 영명함이다. 하나의 기에서 말하면, 그 기가 이르러 펼쳐지는 것을 신이라고 하고, 반대로 되돌아오는 것을 귀라고 하니, 실제로 하나의 기의 움직임일 뿐이다. 그러므로 (귀신의) 덕이라는 성정과 공효를 말하는 것과 같다.[3]

주희에 따르면, 귀신은 일기一氣의 움직임, 즉 펼쳐침[神-伸]과 돌아감[鬼-歸]이라는 두 작용일 뿐이다. 하나의 기가 펼쳐지는 것을 생生이라고 하고, 돌아가는 것을 사死라고 한다. 생사를 현상 측면에서 보면 차이가 있지만, 실제로는 하나의 기의 연속적인 움직임[陰陽·動靜·屈伸]일 뿐이다. 그리고 이 기의 움직임 배후에는 반드시 소이연지리所以然之理가 있다. 성性과 정情에서도 실제로 움직이는 것은 희

1 『中庸章句』, "鬼神, 天地之功用, 而造化之迹也."

2 『中庸章句』, "鬼神者, 二氣良能也."

3 『中庸章句』, "則鬼者陰之靈也, 神者陽之靈也. 以一氣言, 則至而伸者為神, 反而歸者為鬼, 其實一物而已. 爲德, 猶言性情功效."

로애락 등의 정감이지만, 이 정감의 배후에는 소이연지리인 '성'이 있다. 이 말은 곧 귀신의 덕은 음과 양이라는 천지의 쓰임이지만, 이 귀신의 배후에는 천도인 소이연지리가 있다는 것과 같다. 이처럼 주희는 『중용』에 출현하는 '귀신'에서 종교적 색채를 제거하고 펼쳐짐[伸 · 生 · 動 · 陽]과 돌아감[歸 · 死 · 靜 · 陰]이라는 철학적[우주론] 해석을 한다. 음양의 변화는 곧 만물의 변화이고, 이 음양 변화의 배후에는 소이연지리인 천도가 있기 때문에 음양의 변화는 곧 천도의 자아 실현인 것이다.

2. 성盛 : '성대하다'는 극점에 이르다의 '지극하다' 의미와 같다.
3. 시지이불견視之而弗見 : '시視'는 능동사이기 때문에 의지가 표현되어 있다. 따라서 '보려고 하다'로 해석해야 한다. '견見'은 피동사이기 때문에 자신의 의지와 관계없이 '보여지다'로 해석해야 한다. 따라서 '시이불견'은 '보려고 해도 보이지 않는다'가 올바른 해석이다.
4. 청지이불문聽之而弗聞 : '청聽'과 '문聞' 역시 능동사와 피동사의 차이가 있다. '청'은 주관적 의지가 담겨있는 동사이기 때문에 '들으려고 한다'의 의미이고, '문'은 자신의 의지와 관계없이 '들리다'의 의미이다. 따라서 '청이불문'은 "들으려고 해도 들리지 않는다"로 해석해야 한다. 도문盜聞이라고 하지 않고 도청盜聽이라고 하는 이유가 바로 여기에 있다. 귀신의 덕을 "보려고 해도 보이지 않고, 들으려고 해도 들리지 않는다"라는 말로써 형용한 것은 귀신의 음양 작용의 신비성과 역동성 그리고 양면성과 무한성을 표현하고자 함이다.
5. 체물이불가유體物而不可遺 : 『중용』에서 가장 오해가 많은 곳이 바로

이 구절이다. 가장 보편적으로 유행하는 해석은 "만물의 본체가 되어 빠뜨릴 수 없다"는 것이다. 역자는 결코 이 해석을 취하지 않는다. 왜냐하면 위의 음양의 두 기능에 대한 해설과 연결되지 않기 때문이다. '체물體物'에서 '체'는 본체의 의미가 아니라 동사로서 '체현하다' 혹 '드러내다' 혹 '실현하다'의 의미로 해석해야 한다. 즉 '체물'은 '음과 양의 두 작용을 통하여 천지만물로 존재하게 한다'는 것이고, '불가유'는 '하나의 사물도 빠뜨릴 수 없다'는 의미이다. 『중용』 첫 장의 '천명지위성'은 '만물의 본체[성]가 됨'을 말한 것이고, '체물이불가유'는 만물을 생성하면서 한 사물도 빠뜨리지 않고 모두 드러낸다는 의미이다. 한 사물이라도 드러내지 못함이 있다면 만물의 본체라고 할 수 없다. 주희는 '체물'이 『역경』「건乾·문언文言」의 "일의 근간이 된다[幹事]"와 같다고 했는데, 『역』의 "군자는 인仁을 체현하여 족히 사람을 기를 수 있고, 아름답게 모임으로써 족히 예에 합치할 수 있으며, 사물을 이롭게 하여 족히 의로 화합할 수 있으며, 바름을 견지함으로써 족히 일의 근간이 되게 할 수 있다"[4]라는 전문을 보면 '체물'과 '간사'는 그리 어울리는 해석이 아닌 것 같다.

6. 제명성복齊明盛服 : '제齊'는 '재齋'의 의미이다. '제명齊明'은 몸과 마음을 정결하게[齋戒] 한다는 것이고, '성복盛服'은 '의관을 정제한다'는 의미이다.
7. 이승제사以承祭祀 : '제사를 받들게 한다'는 것을 종교적 의미로 해석

4 『易經』「乾·文言」, "君子體仁, 足以長人, 嘉會, 足以合禮, 利物, 足以和義, 貞固, 足以幹事."

하면 『중용』 전편全篇의 내용과 어울리지 않는다. 오히려 천도의 작용과 공효에 대하여 경외의 마음을 갖게 한다로 해석하는 것이 합리적이다.

8. 양양호여재기상洋洋乎如在其上, 여재기좌우如在其左右 : '양양洋洋'은 '꽉 차 있다'는 의미이다. 천지의 두 작용인 귀[음]와 신[양]이 상하좌우 어디에도 있지 않은 곳이 없다. 이는 앞의 '체물이불가유'와 같은 말이다.

경문

"『시경』에서 말했다. '신의 강림은 예측할 수 없는데, 하물며 신을 싫어하여 불경할 수 있겠는가?' (귀신의) 은미함이 이처럼 분명하게 드러나니, 진실무망한 마음을 숨길 수 없음이 이와 같다."

"詩[1]曰 : '神之格[2]思[3], 不可度思[4], 矧[5]可射[6]思.' 夫微之顯[7], 誠之不可揜[8]如此夫!"

역자 해설

1. 『시詩』 : 『시경』 「대아大雅 · 억抑」 편이다.

2. 격格 : '격'은 본래 제사의 의식에서 '신이 강림한다'의 의미이다. '강降'은 '내려오다'는 의미이기 때문에 이로부터 '오다'의 래來 의미가 인신引伸되었고, 또 다시 '이르다'의 지至의 의미가 자연스럽게 인신되었으며, 다시 도착하여 제사를 지내는 사람과 만나다의 '접接'의 의미로 확대되었다. 주희의 격물치지에서 격물의 첫 번째 의미가 바로 접물接物이다. 이 구절에서는 '이르다[至]'의 의미로 사용된다.
3. 사思 : 어조사이다. 즉 '신의 강림은 예측할 수 없는 것인데, 어찌 싫어하여 불경할 수 있겠는가'에 대한 어조사이다.
4. 불가탁사不可度思 : '度'은 '헤아리다'의 의미이기 때문에 '탁'으로 읽어야 한다. 즉 신의 도달함은 미루어 예측할 수 없다.
5. 신矧 : '신矧'은 '하물며'의 '황況'과 같다.
6. 역射 : '싫어하다'의 뜻이기 때문에 '역'으로 읽어야 한다. 신의 강림은 예측할 수 없는 신비한 작용인데, 하물며 이를 싫어하고 불경할 수 있겠는가?
7. 부미지현夫微之顯 : 귀신[음양]의 작용은 본래 아주 은미한 것이지만 현상의 모든 것은 귀신의 공효가 아닌 것이 없다. 따라서 은미하지만 또 분명하게 드러난다.
8. 성지불가엄誠之不可揜 : 이 구절에 대하여 주희는 다음과 같이 주석했다. "성誠이라는 것은 진실무망眞實無妄을 말함이다. 음양이 합하고 흩어짐에는 진실함이 아닌 것이 없다. 그렇기 때문에 (음양이) 발현되면 이처럼 숨길 수 없는 것이다."[5] 주희에 의하면, 음양, 즉 귀신의

동정에는 진실함이 아닌 것이 없기 때문에 귀신의 동정에 의하여 드러난 현상은 무엇으로도 가릴 수 없다.

5 『中庸章句』, "誠者, 真實無妄之謂. 陰陽合散, 無非實者. 故其發見之不可揜如此."

제17장

순임금은 위대한 효자인가보다[舜其大孝].

경문

공자가 말했다. "순 임금은 위대한 효자인가보다. (순 임금의) 덕은 성인의 경지에 이르렀고, 존귀함은 천자의 지위에 올랐으며, 재화는 사해 안의 모든 것을 소유했다. (죽은 후에는 대대로) 종묘에서 제사를 흠향했고, 자손이 있어 (오랫동안) 제사가 끊어지지 않았다."

子曰 : "舜其大孝也與[1]! 德爲聖人[2], 尊爲天子[3], 富有四海之內[4]. 宗廟饗之[5], 子孫保之[6]."

역자 해설

1. 순기대효야여舜其大孝也與 : '기其'는 추측의 의미를 나타내고, '여與'는

'여歟'와 같은 것으로, 추측을 나타내는 의문사이다. 따라서 "순 임금은 위대한 효자인가보다"로 해석할 수 있다.

2. 덕위성인德爲聖人 : 순 임금 덕성을 완성도 측면에서 보면, 이미 성인의 경지에 이르렀다고 할 수 있다. 순 임금 덕성은 정치와 교화 그리고 효행 등 여러 방면에서 칭송받고 있지만, 그중에서도 가정윤리의 대표인 효孝와 제弟에서 특히 존경 받는다. 순의 아버지인 고수瞽瞍와 이복동생 상象은 패악하기 그지없는 인물이었지만, 순 임금은 그들을 책망하지 않고 부모에게는 효도를 다했으며, 동생인 상에게는 끝없는 용서와 포용의 우애로써 감화시켰다. 때문에 순의 품덕은 성인의 경지에 이르렀다고 긍정한 것이다.
3. 존위천자尊爲天子 : 순은 본래 역산歷山에서 농사를 짓고 있었는데, 요 임금에게 발탁되어 25년 동안 재상의 직무를 충실하게 이행했고, 요임금의 뒤를 이어 천자가 되었다.
4. 부유사해지내富有四海之內 : 당시는 천하가 천자 한 사람의 소유였기에 "재화는 사해 안의 모든 것을 소유했다"고 한 것이다.
5. 종묘향지宗廟饗之 : 순임금이 죽은 후에 종묘에서 제사를 올리기 때문에 순임금은 종묘의 제사에서 흠양할 수 있는 것이다.
6. 자손보지子孫保之 : 이 구절은 두 가지로 해석 가능하다. 하나는 자손이 있어 순 임금에 대한 제사가 중단되지 않고 지속되었다는 것이고, 다른 하나는 자손에 의하여 순 임금의 덕업이 계승되었다는 것이다. 주희에 의하면, 자손은 우사虞思와 진호공陳胡公 등을 말한다. 우사는 하夏 왕조 소강小康 시기의 인물이고, 진호공은 주周 무왕 시

기의 인물이다. 그러나 우사와 진호공은 천자도 아니고 제후도 아니다. 따라서 그들에 의하여 순 임금의 덕업이 계승되었다는 해석은 어딘지 자연스럽지 않다. 역자는 첫 번째 입장에 따라서 "(우사와 진호공 같은) 자손이 있어 오랫동안 제사가 끊어지지 않았다"로 해석했다.

경문

"그러므로 위대한 덕을 소유한 사람은 반드시 (그에 합당한) 지위를 얻을 것이고, 반드시 (그에 합당한) 복록을 얻을 것이며, 반드시 (그에 합당한) 명예를 얻을 것이고, 반드시 천수를 다할 것이다."

"故大德, 必得其位[1], 必得其祿[2], 必得其名[3], 必得其壽[4]."

역자 해설

1. 필유기위必得其位 : 덕을 갖춘 자는 반드시 그에 합당한 지위를 얻는다. 순의 덕은 이미 성인의 경지에 이르렀는데, 그에 합당한 지위는 무엇인가? 덕의 측면에서는 성인이고, 정치적 측면에서는 천자이다. 유가철학에서는 "덕을 갖춘 사람이 왕이 되어야 한다[有德者爲

王]"고 하는데, 요와 순 그리고 우임금이 바로 이러한 인물에 해당한다.

2. 필득기록必得其祿 : 앞에서 말한 "재화는 사해 안을 모든 것을 소유했다"가 바로 순이 얻은 복록이다.
3. 필득기명必得其名 : 이곳에서 이름[名]을 성인과 천자로 해석할 수 있지만, 앞 구절에서 이미 성인과 천자는 언급되었기 때문에 성인과 천자로 해석하는 것은 합리적이지 않다. 역자는 이곳에서의 '명'은 후세에 성현과 성군으로 불리는 아름다운 칭송[명예]으로 해석하는 것이 합리적이라고 생각한다.
4. 필득기수必得其壽 : 순 임금은 20세에 효자로 유명했고, 30세에 요임금에 의해 등용되었으며, 50세에 요임금을 대신하여 섭정했고, 58세에 요임금이 죽자 3년 후 61세 때 정식으로 천자의 제위에 올라 39년 동안 재위했다고 한다. 주희는 순임금의 나이를 110세라고 하지만, 요순堯舜에 관한 업적과 행적은 대부분 후대 사람들에 의하여 가공된 것이기 때문에 역사적 사실로 수용할 필요는 없다.

경문

"그러므로 하늘이 만물을 창생할 때는 반드시 그 재질에 따라 돈독히 한다. 그러므로 곧게 자란 것은 북돋아 주고, 기운 것은 엎어 버린다."

"故天之生物, 必因其材而篤焉[1], 故栽者培之, 傾者覆之[2]."

역자 해설

1. 필인기재이독언必因其材而篤焉 : '사물의 재질에 따라서 돈독히 한다'는 의미이지만, 이곳에서는 하늘의 작용을 빌려서 성현에 대한 하늘의 긍정, 그리고 악인에 대한 하늘의 처벌을 설명하고 있다. 즉 성현에게는 그에 상응한 지위와 복록 그리고 명예를 소유하게 하고, 악인에게는 민심을 돌려서 그 지위를 빼앗는다. 전자에 해당하는 인물은 요와 순 그리고 우와 탕이고, 후자에 해당하는 사람은 걸桀과 주紂이다.
2. 재자배지栽者培之, 경자복지傾者覆之 : '재栽'는 곧게 잘 자란 나무이고, '경傾'은 잘못 자란 나무이다. 즉 '재'는 성현처럼 올바른 품성을 실현한 이상적인 인물을 묘사한 것이고, '경'은 걸주桀紂와 같은 포악한 군주로서 악인을 의미한다. 천지가 곧게 자란 나무는 북돋아주고, 기울게 자란 나무는 덮어버리는 것처럼 성인에게는 상응한 지위와 복록을 하사하고 악인에게도 역시 그에 상응한 징벌을 한다. 걸과 주에 대한 징벌은 곧 탕왕[湯王-商왕조]과 무왕[武王-周왕조]의 역성혁명이다.

경문

『시경』에서 말했다. '선량하고 아름다운 군자여! 훌륭한 덕이 드러나고 드러나도다. 합당한 도리로써 백성을 대하고, 합당한 도리로써 사람을 대하니, 하늘로부터 복록을 받는다.' (백성을) 잘 보우하니 하늘로부터 다시 천명을 받는다. 그러므로 위대한 덕을 갖춘 자는 반드시 천명을 받아 천자의 지위에 오른다.

"詩[1]曰 : '嘉樂君子[2], 憲憲令德[3], 宜民宜人[4], 受祿于天[5]. 保佑命之[6], 自天申之[7],' 故大德者必受命[8]."

역자 해설

1.『시詩』:『시경』「대아大雅 · 가락嘉樂」 편이다.

2. 가락군자嘉樂君子 : '가嘉'는 '아름답다'의 의미이다. 즉 덕업이 훌륭하고 빛난다.

3. 헌헌영덕憲憲令德 : '헌헌憲憲'의 원문은 '현현顯顯'이다. 즉 '성대하고 빛나다'의 의미이다. '영덕令德'은 미덕이다. 즉 아름다운 덕업이 성대하고 밝게 빛난다.

4. 의민의인宜民宜人 : '의宜'는 합당한 도리를 의미한다. 즉 합당한 원칙

과 방법으로 백성을 대하고 다스린다.

5. 수록우천受祿于天 : 하늘로부터 천자의 지위와 사해 내의 모든 재화를 복록으로 받는다.
6. 보우명지保佑命之 : 백성을 잘 보살피니 하늘로부터 명을 받는다.
7. 자천신지自天申之 : '신申'은 '또' 혹은 '다시'의 의미이다. 하늘이 또 다시 천명으로서 나타난다는 것은 하늘이 그 사람에게 천명을 또 내려 천자가 되게 한다는 의미이다.
8. 대덕자필수명大德者必受命 : 위대한 덕을 갖춘 사람이 천자가 된다. 이는 유가철학에서 긍정하는 "덕을 갖춘 사람이 왕이 되어야 한다[有德者爲王]"와 같은 주장이다.

제18장
근심이 없는 사람은 오직 문왕일 것이다 [無憂者其惟文王].

경문

공자가 말했다. "근심이 없는 사람은 오직 문왕일 것이다. (문왕은) 왕계를 아버지로 삼았고, 무왕을 아들로 삼았다. 아버지인 (왕계가) 시작했고, 아들인 (무왕이) 계승했다. 무왕이 태왕·왕계·문왕이 이룩한 기업을 계승하여 한 번 전투복을 입고서 (은의 주왕을 토벌하자) 천하를 얻게 되었다. 몸은 천하에 훌륭한 명성을 잃지 않았고, 존귀함은 천자가 되었으며, 재부는 사해 안의 모든 것을 소유했다. (죽은 후에는 대대로) 종묘에서 제사를 흠향했고, 자손이 있어 (오랫동안) 제사가 끊어지지 않았다.

子曰 : "無憂者, 其惟文王乎[1]! 以王季爲父, 以武王爲子[2]. 父作之, 子述之[3]. 武王纘[4]大王·王季·文王[5]之緒[6], 壹戎衣[7]而有天下, 身不失天下之顯名[8]. 尊爲天子, 富有四海之內. 宗廟饗之[9], 子孫保之[10].

역자 해설

1. 무우자無憂者, 기유문왕호其惟文王乎 : '기其'는 '아마'의 뜻이다. 아마 오로지 문왕만이 근심과 걱정이 없는 사람일 것이다. 그 이유는 이 구절 다음에 잘 소개되어 있다. 문왕의 성은 희姬이고 이름은 창昌이다. 은[殷-商]의 마지막 천자인 주紂를 몰아낸 무왕의 부친이다. 은의 주왕 때 서백西伯으로 봉해졌고, 인의의 도덕정치와 문화정책을 베풀어 천하 패자의 기틀을 이루었다.
2. 이왕계위부以王季爲父, 이무왕위자以武王爲子 : 문왕의 부친은 왕계[季歷]이고, 아들은 무왕이다.
3. 부작지父作之, 자술지子述之 : 문왕의 부친인 왕계가 문왕이 창업할 수 있도록 기틀을 만들어주었고, 아들인 무왕이 문왕의 사업을 계승하여 문왕이 미처 이루지 못한 천자의 지위를 얻었다. 공자가 '문왕이야말로 근심과 걱정이 없는 사람이다'라고 한 까닭은 바로 왕계와 같은 부친과 무왕과 같은 아들을 두었기 때문이다.
4. 찬纘 : '계승하다'의 의미이다.
5. 태왕大王 · 왕계王季 · 문왕文王 : '大'는 '태太'로 읽어야 한다. 태왕은 문왕의 조부인 단보亶父이고, 왕계는 부친이다. 주周는 후직后稷으로부터 시작되었지만 태왕 단보 시기부터 두각을 드러내기 시작했

고, 왕계의 시대를 거쳐 문왕의 시기에는 서쪽의 패자[西伯]로 부상했다.

6. 서緖 : 주희는 '업業'이라고 했지만, 두 가지 의미로 해설해야 할 것 같다. 하나는 나라의 기틀이고, 다른 하나는 왕자의 사업이다. 『서경』과 『시경』에 의하면, 태왕 시기에 왕자의 흔적을 남길 수 있는 기틀을 잡았다고 한다. 때문에 '업'은 기틀과 사업을 포함한 '기업基業'으로 번역해야 할 것 같다.
7. 일융의壹戎衣 : '일壹'은 한 차례의 의미이고, '융의戎衣'는 갑옷[甲胄]을 의미한다. 갑옷을 입었다는 것은 곧 군대를 일으켜 폭군인 은의 주왕을 토벌했다는 의미이다. '일융의'에 대해서는 여러 해석이 있다.

   첫째, '한 번 전투복을 입어 주왕을 토벌했다.'

   둘째, '한 번 군사를 일으켜 은나라를 정벌했다.'

   셋째, '일壹은 멸하다[殪]의 의미이고, 융戎은 대大의 의미이다. 즉 대은을 멸했다.'

   그러나 이상 세 가지 해석에 본질적 의미 차이는 없다. 모두 군대를 일으켜 은왕조를 정벌했다는 내용이고, 그것에는 천명의 승낙과 민심의 지지가 있었음을 표현하고 있다.
8. 현명顯名 : '현명'은 성왕이라는 아름다운 칭송을 의미한다.
9. 종묘향지宗廟饗之 : 문왕은 죽은 후에 천자의 예로서 종묘에서 흠향했다. 즉 종묘에서 제사를 받았다.
10. 자손보지子孫保之 : '자손'은 무왕과 주공을 시작으로 그 이후 후손을 가리킨다. 이 구절 역시 앞의 순 임금의 경우처럼 두 가지로 해

석 가능하다. 하나는 자손이 있어 문왕에 대한 제사가 중단되지 않고 지속되었다는 것이고, 다른 하나는 자손에 의하여 문왕의 덕업이 계승되었다는 것이다. 순 임금 경우는 후손이 천자의 지위에 오르지 않았지만 문왕의 경우는 무왕을 시작으로 37대 난왕赧王까지 후손이 천자의 지위에 있었기 때문에 두 해석이 모두 적용될 수 있다.

경문

무왕은 말년에 천명을 받아 (천자가 되었고), (동생인) 주공은 문왕과 무왕의 덕업을 완성했으며, 태왕과 왕계를 왕으로 추존했고, 위로 선공을 천자의 예로 제사지냈다. 이 예는 제후와 대부 그리고 선비와 일반서민에까지 통용되었다. 아버지가 대부이고, 아들이 선비이면, 장례는 대부의 예로서 하고, 제사는 선비의 예로서 했다. 아버지가 선비이고, 아들이 대부이면, 장례는 선비의 예로서 하고, 제사는 대부의 예로서 했다. (방계 친속의) 일주년 상은 대부에까지 통용되었고, 삼년상은 천자에까지 이르렀다. 부모의 상은 귀천에 관계없이 똑같았다.

武王末受命[1], 周公成文武之德[2], 追王[3]大王·王季, 上祀先公[4]以天子之禮. 斯禮也[5], 達乎諸侯·大夫及士·庶人[6]. 父爲大夫, 子爲士. 葬以大夫, 祭以士. 父爲士, 子爲大夫,葬以士, 祭以大夫[7]. 期之喪[8], 達乎大夫. 三年之喪[9], 達乎天子[10]. 父母之喪, 無貴賤一也.

역자 해설

1. 말수명末受命 : 무왕 말년에 은의 주왕을 토벌하여 멸하고 천명을 받아 천자의 지위에 올랐다. 무왕의 이름은 발發이다. 문왕과 무왕이 은을 토벌한 것에 대하여 『맹자』에 다음과 같은 내용이 수록되어 있다.

제나라가 연나라를 공격하여 이겼다. (제나라) 선왕이 맹자에게 물었다. "어떤 사람은 과인에게 (연나라를) 취하지 말라고 하고, 어떤 사람은 (연나라를) 취하라고 한다. 만승의 나라가 만승의 나라를 쳐서 50일 만에 굴복시켰으니 사람의 힘만으로는 이렇게 되지 않을 것이다. (연나라를) 취하지 않으면 반드시 하늘의 재앙이 있을 것 같은데, 취하는 것이 어떻습니까?" 맹자가 대답했다. "(연나라를) 취하려고 하는데 연나라 백성들이 기뻐한다면 취하십시요. 옛 사람 중에 그렇게 한 사람이 있었는데, 무왕이 바로 그랬습니다. 취하려고 하는데 연나라 백성이 기뻐하지 않는다면 취하지 마십시요. 옛 사람 중에 그렇게 한 사람이 있었는데, 문왕이 바로 그랬습니다. 만승의 나라가 만승의 나라를 치는데, (적국의 백성이) 대나무 그릇에 밥을 담고 주전자에 국을 담아 왕의 군대를 환영한 것에 어찌 다른 이유가 있겠습니까? 물과 불의 재난을 피하고자 함입니다. 만일 물의 재난이 더욱 깊어지고, 불의 재난이 더욱 뜨거워진다면 역시 다른 데로 돌아갈 따름입니다."[1]

문왕도 군사를 일으켜 은의 주왕을 토벌하려고 했지만, 은의 백성들 마음이 아직도 주왕에게 있자 군대를 회군시켰다. 그러나 그 후 주왕의 폭정이 더욱 심하자 백성들의 마음이 주왕으로부터 떠났다. 이때 무왕이 군대를 일으켜 주왕을 토벌하자 은의 백성들이 무왕의 군대를 환영했다. 이는 전쟁의 명분이 바로 민심에 있음을 말한 것이다.

2. 성문무지덕成文武之德 : 주공은 문왕의 아들이고, 무왕의 동생이다. 이름은 단旦이다. 무왕이 은을 멸한 후에 천자의 지위에 올랐지만 얼마 되지 않아 죽고 어린 성왕成王이 즉위한다. 이때 주공이 성왕을 도와 섭정하면서 문왕과 무왕이 이룩한 덕업을 완성했다.
3. 추왕追王 : 태왕과 왕계를 왕으로 추존했다. 당시의 왕은 오로지 천자에게만 부여된 칭호였다. 춘추시대에는 제후들이 왕이라는 칭호

1 『孟子』「梁惠王下」, "齊人伐燕勝之. 宣王問曰 : '或謂寡人勿取, 或謂寡人取之. 以萬乘之國, 伐萬乘之國, 五旬而擧之, 人力不至於此. 不取必有天殃, 取之何如?" 孟子對曰 : "取之而燕民悅則取之. 古之人有行之者, 武王是也. 取之而燕民不悅, 則勿取. 古之人. 有行之者 文王是也. 以萬乘之國, 伐萬乘之國, 簞食壺漿以迎王師, 豈有他哉? 避水火也. 如水益深, 如火益熱, 亦運而已矣.'"

를 사용하지 않고 일반적으로 공公이라는 칭호를 사용했으나, 전국 시대에 이르러서는 전국의 패자들이 왕이라는 칭호를 사용하기 시작했다. '추왕'은 비록 태왕과 왕계가 천자의 지위에 오른 적이 없지만 그들의 덕업을 근거로 천자로 추존한다는 것이다.

4. 선공先公 : 태왕 이상의 조상에서 후직까지를 가리킨다.
5. 사례야斯禮也 : 이곳에서 말하는 예는 장례葬禮와 흉례凶禮는 죽은 자의 지위에 따라서 하고, 제사와 길례吉禮는 받드는 자의 지위에 따라서 한다는 예법이다.
6. 사서인士庶人 : '사士'에 대한 적합한 용어가 없다. 일반적으로는 지식인 계급을 가리킨다. 선비라는 용어가 지식인과 동일한 용어는 아니지만 가장 가까운 의미인 것 같아 선비로 번역했다. 서인은 일반 사람을 의미한다.
7. 부위사父爲士, 자위대부子爲大夫, 장이사葬以士, 제이대부祭以大夫 : 무왕이 천자의 지위에 올랐을 때 선조인 태왕과 왕계 그리고 문왕은 이미 죽은 상태였다. 때문에 장례는 천자의 예로 치를 수 없다. 그러나 무왕이 천자의 지위에 올랐기 때문에 태왕과 왕계 그리고 문왕을 천자로 추존하고서 천자의 예법에 따라 제사를 지낼 수 있다.
8. 기지상期之喪 : '기期'는 일주년이다. '기지상期之喪'은 방계 친속의 일주년 상을 말한다.
9. 삼년지상三年之喪 : 부모의 상. 『논어』에 다음과 같은 말이 수록되어 있다.

자식이 태어나서 삼 년이 지난 후에야 겨우 부모의 품을 벗어나게 된다.[2]

공자에 의하면, 자식은 부모의 배 안에서 1년, 태어나서 1년은 부모의 젖을 먹고, 그 후 1년 동안은 부모의 도움으로 식사를 한다. 따라서 3년 동안은 부모의 도움 없이 생존할 수 없다. 이것이 공자가 부모상을 3년으로 결정한 근거이다. 삼년상은 부모의 상 외에도 천자에 대한 제후, 제후에 대한 대부와 사士, 그리고 부친이 먼저 죽은 후에 조부를 계승한 손자의 승중承重도 모두 삼년상이다.

10. 달호천자達乎天子 : 방계의 일년상은 대부까지 하고, 부모의 상은 천자에까지 통용되었다. 즉 부모의 상은 일반인에서부터 천자까지 모두 3년상으로 했다. 이는 부모에 대한 사랑의 마음은 천하 만민이 동일하기 때문이다.

2 『論語』「陽貨」, "子生三年, 然後免於父母之懷."

제19장
문왕과 무왕은 누구나 칭송하는 효자이다 [武王周公其達孝矣乎].

경문

공자가 말했다. "무왕과 주공은 누구나 칭찬하는 효자이다. 무릇 효는 부모의 유지를 잘 계승하는 것이고, 부모가 추진했던 사업을 잘 지키면서 완성하는 것이다. 봄과 가을에는 조상의 사당을 수리하고, 종묘의 제기를 진열하며, 조상이 입었던 의복을 배열하고, (제사를 지낼 때는) 제철 음식을 올린다.

子曰 : "武王·周公其達孝[1]矣乎! 夫孝者善繼人之志, 善述人之事者也[2]. 春秋[3], 脩其祖廟[4], 陳其宗器[5], 設其裳衣[6], 薦其時食[7]."

역자 해설

1. 달효達孝 : '달達'은 '통通'의 뜻이다. '달효'는 두 가지 의미가 있다. 하나는 '공통'의 뜻으로, '모든 사람에게 적용된다'는 의미이다. 사람들이 무왕과 주공을 효자라고 칭송하는데, 일부 사람들만이 그렇게 칭송하는 것이 아니라 천하의 모든 사람들이 무왕과 주공을 효자라고 칭찬한다. 다른 하나는 '효도는 통하지 않은 곳이 없다'의 뜻이다. 『논어』「학이學而」 편에서도 효는 '인을 실천하는 근본이다[爲仁之本]'고 했는데, 이는 곧 효가 모든 도덕 행위의 시작임을 뜻한다. 다른 도덕 행위는 효로부터 다시 확장되기 때문에 달효를 '효도는 통하지 않는 곳이 없다'로 해석할 수 있다. 그러나 역자는 첫 번째 의미를 취하여 '달효'를 해석했다.
2. 부효자선계인지지夫孝者善繼人之志, 선술인지사자야善述人之事者也 : 이곳에서 '인人' 즉 사람은 부모 혹은 선조를 의미한다. 「18장」에서 "(문왕은) 왕계를 아버지로 삼았고, 무왕을 아들로 삼았다. 아버지인 (왕계가) 시작했고, 아들인 (무왕이) 계승했다"고 했다. 왕계의 부친은 태왕이다. 왕계는 태왕의 유지를 계승했고, 문왕은 왕계의 유지를 지켰으며, 무왕은 문왕의 유지를 보존했다. 또한 비록 주공은 무왕의 동생이지만 성왕成王을 보좌하면서 무왕이 창업한 사업을 잘 계승했기 때문에 주공 역시 천하 사람들이 긍정하는 효자에 포함된다. '선善'은 '착하다'의 의미가 아니라 '잘하다', 즉 '잘 계승했다'는 뜻이다. '술述'은 부모가 펼쳤던 사업을 잘 지키면서 완성한다는 의미이다.

3. 춘추春秋 : 봄과 가을에 제사를 올릴 때.
4. 수기조묘脩其祖廟 : '조묘'는 선조先祖를 모시는 사당이다. 봄과 가을에 제사를 올리기 전에 사당을 정리한다. 주희에 따르면, 천자는 7묘廟, 제후는 5묘, 대부는 3묘, 적사[適士-元士]는 2묘, 관사[官師-有司]는 1묘라고 한다. 이에 관한 해설은 아래의 소목昭穆에 나온다.
5. 진기종기陳其宗器 : '종기宗器'는 선조 때부터 소장해온 귀중한 기물器物이다. 주왕조의 종기는 적도赤刀 · 대훈大訓 · 천구天球 · 하도河圖 등이다. 이러한 기물을 잘 배열하여 진열한다.
6. 설기상의設其裳衣 : '상의裳衣'는 선조들이 입었던 의복이다. 선조가 남기신 의상을 잘 펴놓는다.
7. 천기시식薦其時食 : 제철 음식을 제사에 올린다.

경문

종묘의 예는 소목의 차례를 따라야 한다. 관작에 따라 서열을 구분하는 것은 관직 지위의 높고 낮음을 분별하는 것이다. (제사 지내는) 일을 차례로 맡기는 것은 자손 재능의 높고 낮음을 분별하는 것이다. 여러 사람이 술을 권할 때 아랫사람이 윗사람을 위하여 (술잔을 올리는 것은) 신분이 낮은 사람에게도 동일하게 적용된다. 잔치할 때에 모발의 색깔에 따라 차례를 정하는 것은 장유의 차서를 구별하는 것이다.

宗廟之禮, 所以序昭穆[1]也. 序爵[2], 所以辨貴賤[3]也. 序事[4], 所以辨賢[5]也. 旅酬[6]下爲上, 所以逮賤[7]也. 燕毛[8], 所以序齒[9]也.

역자 해설

1. 소목昭穆 : '소목'의 제도는 중국 상고 시대부터 있었던 예법인데, 주 왕조에 이르러 주공이 예악을 정비하면서 소목의 예가 구체적으로 정립되었다. 『주례』에 의하면, 종묘의 제도는 시조[1세]를 중앙에 모시고, 그 이하 모든 '부父'는 '소昭'가 되고, '자子'는 '목穆'이 된다. '소'는 왼쪽[左]에 위치하고, '목'은 오른쪽[右]에 위치한다. 앞에서 천자는 7묘, 제후는 5묘, 대부는 3묘라고 했는데, 이는 천자의 경우는 '소'에 2·4·6세를 봉안하고, '목'에 3·5·7세를 각각 봉안하기 때문에 '삼소삼목三昭三穆' 즉 6묘에 다시 시조[1세]를 더하여 '칠묘'가 되고, 제후는 '소'에 2·4세를 봉안하고, '목'에 3·5세를 각각 봉안하기 때문에 '이소이목二昭二穆'의 4묘에 자신[제후]을 더하여 '오묘五廟'가 되며, 대부는 '일소일목一昭一穆'에 자신을 더하여 '삼묘三廟'가 된다. 원래 '소'는 '존경한다' 혹은 '밝다'는 의미로서 북쪽에서 남쪽을 향한 위치를 일컫는 것이고, '목'은 '순종하다' 혹은 '어둡다'는 의미로서 남쪽에서 북쪽을 향한 위치를 일컫는 말이다.
2. 서작序爵 : '서序'는 '순서를 정하다'의 뜻이다. '작爵'은 공경대부를 지

칭하는데, 이러한 작위의 등급에 따라서 차례를 정하고 배열한다.

3. 귀천貴賤 : 이곳에서 귀천은 단지 작위 등급의 높고 낮음 차이를 표현하는 것일 뿐 신분이 천하다는 의미는 아니다.
4. 서사序事 : '사事'는 제사를 올릴 때 일을 주관하는 '직사職事'이다.
5. 현賢 : '현'은 '어질다'로 번역할 수도 있지만, 역자는 '능력' 의미로 해설했다. 왜냐하면 고대에 종묘의 제사를 관장하는 직사는 대단히 중요한 임무인데, 이러한 직사를 차례대로 맡기는 것은 직사의 임무 완성도를 근거로 능력 있는 인재를 발견하려는 의도가 있기 때문이다.
6. 여수旅酬 : '여旅'는 '중衆'의 의미이고, '수酬'는 '술을 따르다'의 의미이다. 주희는 "여러 사람이 술을 따르는 예에서 빈객의 아우와 아들, 형제의 아들들이 각각 술잔을 어른에게 들어 올리고 여럿이 서로 술을 권한다"[1]고 했다.
7. 체천逮賤 : '체逮'는 '급及' 즉 '미치다'의 의미이다. 아랫사람이 윗사람을 위하여 (술잔을 올리는 것은) 신분이 낮은 사람에게도 동일하게 적용된다. 즉 신분이 미천한 자에게도 동일하게 공경함을 표한다.
8. 연모燕毛 : '연燕'은 잔치[宴]이다. 주희는 "제사를 마치고 잔치를 하게 되면 모발의 색깔로써 나이 많은 사람과 젊은 사람을 구별하여 앉는 차례를 정한다"[2]고 했다. '모毛'는 단순한 머리카락이 아니라 머리의 색깔을 의미한다. 즉 머리색이 하얗다는 것은 늙음을 의미하고, 검

1 『中庸章句』, "旅樹之禮, 賓弟子兄弟之子各擧觶於其長而衆相酬."

2 『中庸章句』, "祭畢而燕, 則以毛髮之色別長幼爲坐次也."

다는 것은 젊음을 의미한다.

9. 서치序齒 : '치齒'는 연령을 가리킨다. 즉 치아가 적은 사람이 어른이고, 치아가 많은 사람이 젊은 사람이다. 연령의 많고 적음으로써 장유의 순서를 분별한다.

경문

(선조가 자리하셨던) 위치에 거하고, 그 예를 행하며, 그 음악을 연주한다. 그가 존경했던 (선조를) 존경하고, 그가 사랑했던 (자녀와 여러 신하를) 사랑한다. 죽은 사람 섬기기를 마치 산 사람 섬기듯이 하고, 없는 자 섬기기를 마치 있는 사람 섬기듯이 하는 것이 효의 지극함이다.

踐其位[1], 行其禮[2], 奏其樂[3]. 敬其所尊, 愛其所親[4]. 事死如事生, 事亡如事存[5], 孝之至也.

역자 해설

1. 천기위踐其位 : 주희에 의하면, "천은 밟다[履]"이고, '기其'는 선왕先王, 즉 무왕과 주공 이전의 태왕·왕계·문왕 등이다. 제사를 올릴 때 옛 선왕이 자리했던 위치에 '거居'한다.

2. 행기례行其禮 : 이곳에서 '예'는 다음의 '악'과 연계하여 예악, 즉 문화 전체를 포함시켜 이해하는 것이 타당하다.
3. 주기악奏其樂 : 선왕께서 즐겨했던 음악을 연주한다. 혹은 선왕의 지위에 합당한 음악을 연주한다.
4. 경기소존敬其所尊, 애기소친愛其所親 : 선왕이 존경한 사람을 존경한다. 선왕이 존경한 사람은 누구인가? 바로 그 선왕이 유업을 계승하려고 했던 선왕이다. 무왕과 주공의 경우라면, 태왕과 왕계 그리고 문왕일 것이다. 선왕이 사랑했던 자손과 여러 신하들을 사랑한다. 이는 왕실, 그리고 신하 제후들과의 화목을 강조한 것이다.
5. 사사여사생事死如事生, 사망여사존事亡如事存 : 죽었을 때는 '사死'라고 하고, 장례를 하면 '돌아가 없다[亡]'고 한다. 죽은 선왕 혹은 부모께 제사를 올릴 때 마치 살아계신 것처럼 모신다.

경문

하늘에 대한 제사와 땅에 대한 제사의 예는 상제를 섬기는 것이다. 종묘 제사의 예는 그 선조를 섬기는 것이다. 교제와 사제의 예 그리고 조상에 대한 제사의 예를 잘 알고 있으면 국가를 다스리는 것이 마치 손바닥 위에 놓고 보는 것처럼 쉬울 것이다.

郊社之禮[1], 所以事上帝也. 宗廟之禮, 所以祀乎其先也.

明乎郊社之禮, 禘嘗[2]之義, 治國其如示諸掌乎[3].

역자 해설

1. 교사지례郊社之禮 : '교郊'는 하늘에 제사지내는 것이고, '사社'는 땅에 제사지내는 것이다. 주희는 "후토를 말하지 않은 것은 글을 생략한 것이다"[3]라고 했다. 상제라고 했지만, 이는 하늘에만 해당되는 것이 아니라 자연 전체를 관장하는 상제로 이해해야 한다.
2. 체상禘嘗 : '체禘'는 천자 종묘의 큰 제사로서 오년에 한 차례 거행한다. '상嘗'은 매년 가을에 지내는 '상제常祭'이다. 봄 · 여름 · 가을 · 겨울에 모두 한 차례 제사를 지내는데, 그중 하나인 가을제사[秋祭]를 들어 말한 것이다. 모두 조상에 대하여 제사 지내는 것이다.
3. 치국기여시저장호治國其如示諸掌乎 : 『논어』「팔일八佾」 편에 다음과 같은 내용이 수록되어 있다.

> 어떤 사람이 '체' 제사에 관하여 묻자, 공자가 말했다. '알지 못하겠다. 그 내용을 아는 자는 천하를 다스림에 있어 여기에다 올려놓고 보는 것과 같을 것이다'라고 하면서 손바닥을 가리켰다.[4]

3 『中庸章句』, "不言后土者, 省文也."

4 『論語』「八佾」, "或問禘之說, 子曰 : '不知也, 知其說者於天下也, 其如示諸斯乎!' 指其掌."

왜 천지와 조상에 대한 제사의 의미를 잘 이해하고 있으면 국가를 다스리는 도리가 마치 자기의 손바닥을 보는 것처럼 확연하게 나타날 것이라고 하는가? '교사지례郊社之禮'에 대해 밝다는 것은 천지의 원리에 대한 경외敬畏를 말함이고, '체상'에 대하여 밝다는 것은 바로 인륜을 올바르게 인식하고 있음을 말함이다. 천도와 인륜에 밝으니 치국의 도리에 대해서도 분명하게 인식하고 있을 것이다.

제20장

애공이 정치의 원리에 관하여 공자에게 물었다 [哀公問政].

경문

애공이 정치의 원리에 관하여 (공자에게) 물었다. 공자가 말했다. "문왕과 무왕의 (훌륭한) 정사政事가 목간과 죽간에 기록되어 있다. (문왕과 무왕같은) 사람이 있을 때는 (훌륭한) 정치가 실행되지만, (문왕과 무왕같은) 사람이 죽고 없으면 (훌륭한) 정치는 종식된다. 사람의 도는 정치에 빠르게 나타나고, 땅의 도는 나무에 빠르게 나타난다. 무릇 정치의 효과는 쉽게 드러나는데, 이는 마치 빨리 자라는 갈대와 같다.

哀公[1]問政. 子曰: "文·武之政, 布在方策[2]. 其人存, 則其政擧, 其人亡, 則其政息[3]. 人道敏政, 地道敏樹[4]. 夫政也者, 蒲盧[5]也.

역자 해설

1. 애공哀公 : 노魯나라 군주이고, 이름은 장蔣이다.
2. 포재방책布在方策 : '방책에 기록되어 있다.' '방方'은 목판이고, '책策'은 죽간이다. 고대에는 목판과 죽간으로 종이를 대신했다. 이 구절은 순자가 법후왕法後王을 강조한 것과 일맥 상통한다. 일반적으로 맹자는 법선왕法先王을 주장하고, 순자는 법후왕을 강조한다고 하지만, 두 사람 모두 법선왕과 함께 법후왕을 긍정한다. '법法'은 '본받다' 혹은 '따르다'의 의미이다. 선왕은 요순을 가리키며, 후왕은 문왕과 무왕을 지칭한다. 순자에 의하면, 요순과 같은 선왕의 도리를 본받고 싶지만, 요순의 정사에 관한 구체적인 기록이 없다. 따라서 본받고 싶어도 근거를 확보할 수 없다. 그러나 문왕과 무왕의 정치는 목판과 죽간에 기록되어 있다. 요순과 문왕 무왕은 모두 성왕이기 때문에 문왕과 무왕의 후왕 정치를 통해서 요순의 선왕 정치를 미루어 짐작할 수 있다. 정확하게 말하면, 순자의 법후왕은 후왕의 훌륭한 정사를 통하여 선왕의 이상적인 정치를 추증推證하자는 것이다.
3. 기인존其人存, 즉기정거則其政擧. 기인망其人亡, 즉기정식則其政息 : '기인其人'은 문왕과 무왕같은 성왕 그리고 빼어난 능력을 가진 현신賢臣을 가리킨다. 문왕과 무왕처럼 훌륭한 군주가 나타나면 왕도정치가 실행되지만 그러한 군주가 나타나지 않으면 문왕 · 무왕이 실현한 훌륭한 민본정치도 사라진다. 역자는 '존存'을 '있다'로 번역하지 않고 '나오다'로 번역했다.

4. 인도민정人道敏政, 지도민수地道敏樹 : '민敏'은 '속速' 즉 '빠르다'의 뜻이다. 땅이 기름지면 그 혜택을 나무가 받기 때문에 나무를 통하여 땅의 비옥함을 볼 수 있다. 반대로 땅이 메마르면 나무가 잘 자라지 않기 때문에 나무를 보고서 땅의 척박함을 알 수 있다. 정치도 땅의 원리와 마찬가지이다. 성현이 정치를 하면 그 선정善政 효과는 민중의 삶에 빠르게 나타나 민중이 풍요로운 삶을 누리고, 폭군이 정치를 하면 그 폭정暴政은 민중의 삶에 도탄이라는 실정으로 빠르게 나타난다. 나무는 민중을 비유하고, 나무의 무성함과 메마름은 민중 삶의 풍요로움과 곤궁함을 비유한다.
5. 포로蒲盧 : 포로에 대해서 주희는 "심괄은 갈대라고 했는데 옳다"[1]고 했다. 주희의 뜻에 따르면, 포로는 갈대처럼 빨리 자라는 생물을 지칭하는데, 이는 곧 성왕의 정치나 폭군의 정치가 민중의 삶에 빨리 드러난다는 것을 의미한다.

경문

그러므로 정치는 (훌륭한 능력을 갖춘) 인재를 얻음에 달려 있다. 군주가 현명한 사람을 얻으려면 먼저 (군주) 자신이 수신해야 한다. 수신은 도로써 해야 한다. 도를 수양하는 것은 인仁으로써 해야 한다. 인은 사람의 도리인데, 부

1 『中庸章句』, "沈括以爲蒲葦是也."

모를 사랑함이 (그중에서) 가장 크다. 의義는 일의 마땅함인데, 훌륭한 덕과 능력을 갖춘 현자를 존경하는 것이 (그중에서) 가장 크다. 부모형제를 (먼저) 사랑해야 하는 차서와 현자를 존경해야 하는 차등으로 말미암아 예가 생겨난 것이다. (아랫자리에 있으면서 윗사람의 신임을 얻지 못하면 백성을 다스릴 수 없다.)

故爲政在人[1]. 取人以身[2], 修身以道, 修道以仁. 仁者, 人也[3], 親親爲大. 義者, 宜也, 尊賢爲大. 親親之殺[4], 尊賢之等[5], 禮所生也[6].(在下位, 不獲乎上, 民不可得而治矣[7].)

역자 해설

1. 위정재인爲政在人 : 정치는 사람에 달려있다. 군주가 현자를 등용하면 올바른 정치가 실행되고, 현자를 얻지 못하면 정치가 올바르게 실행되지 못한다. 따라서 정치의 성패 여부는 곧 인재를 얻는 여부에 따라 결정된다.
2. 취인이신取人以身 : '신身'은 군주 자신을 지칭한다. 앞에서 '정치는 사람에 달려있다'고 했다. 즉 현자를 얻어야만 올바른 정치를 시행할 수 있는데, 현자를 얻으려면 먼저 군주가 수신하여 현군賢君이 되어야 한다. 군주가 도덕성을 갖추지 못하면 그를 따르는 신하 역시 도

덕성을 갖추지 못한 신하일 뿐이다. 혹시 군주가 자신을 수신하지 않았음에도 불구하고 현자를 등용하려고 하면 이는 진정성이 없는 가식이기 때문에 현자가 이에 호응해주지 않는다.

3. 인자仁者, 인야人也 : 주희는 '인人'을 사람의 몸이라고 주석했다. 그렇다면 '인仁은 사람의 몸이다'라고 해석해야 하는데, 자연스럽지 않다. 역자는 '인仁은 사람이 사람으로서 존재할 수 있는 근거, 즉 도리'로 해석했다. 사람의 도리는 수없이 많지만, 그중에서 가장 먼저 행해지는 것이 바로 가정의 윤리이다. 때문에 부모를 사랑하는 것이 가장 먼저이고 중요하다고 한 것이다.
4. 친친지쇄親親之殺 : '殺'은 '쇄'로 읽어야 한다. '부모형제를 먼저 사랑해야 하는 순서'라는 의미이다.
5. 존현지등尊賢之等 : 비록 동일한 현자라고 할지라도 크고 작음 높고 낮음의 등급이 있다. 이 등급에 따라서 존중의 차서를 결정한다. '등等'은 '등급'의 의미이다.
6. 예소생야禮所生也 : 예는 왜 생겨났는가? 예가 생겨난 이유는 순서와 등급을 구별하기 위함이다. 즉 천지만물과 만민을 모두 사랑해야 하지만, 부모형제를 먼저 사랑하는 것이 곧 예이고, 모든 사람을 존중해야 하지만, 현자를 먼저 존중하는 것이 곧 예이다. 따라서 예는 차이성의 원리인 것이다.
7. 재하위在下位, 불획호상不獲乎上, 민불가득이치의民不可得而治矣 : 이 몇 구절은 아래에 출현한 구절을 잘못 간행한 것이기 때문에 마땅히 삭제해야 한다.

❋ 경문 ❋

그러므로 군자는 자신이 (먼저) 수신하지 않으면 안 된다. 수신하려면 부모를 섬기지 않으면 안 된다. 부모를 섬기려면 사람의 도리를 알지 않으면 안 된다. 사람의 도리를 알려면 하늘의 도리를 알지 않으면 안 된다."

故君子不可以不修身. 思修身, 不可以不事親[1]. 思事親, 不可以不知人[2]. 思知人, 不可以不知天[3]."

역자 해설

1. 사수신思修身, 불가이불사친不可以不事親 : '자신을 수신하려고 하면 먼저 부모를 섬기지 않으면 안 된다'라는 뜻이다. 유가철학에서 수신은 단순하게 마음을 청결하게 하는 것으로 끝나지 않는다. 유가철학은 실천 중심 학문이기 때문에 수신 역시 정태적인 수렴收斂에 그치지 않고 동태적인 실천을 통하여 완성한다. 따라서 자신의 수양은 부모에 대한 효의 실천을 통하여 진행된다. 또 이미 앞에서 "수신은 도로써 하고, 수도는 인으로써 해야 한다. 인은 사람의 도리인데, 부모를 사랑함이 (그중에서) 가장 크다"고 했다. 따라서 수신의 활동에서 가장 먼저 해야 할 일은 부모를 사랑하는 사친事親이다.

2. 사사친思事親, 불가이부지인不可以不知人 : 앞에서 "의는 마땅함인데, 훌륭한 덕과 능력을 갖춘 현자를 존경하는 것이 (그중에서) 가장 크다"고 했다. 이는 부모형제를 사랑함에서 진일보하여 현자를 존중해야 함을 말한 것인데, 현자를 존중하려면 먼저 사람의 도리를 알지 못하면 안 된다.

3. 사지인思知人, 불가이부지천不可以不知天 : 사람의 도리를 알았다면, 그것을 근거로 천지만물의 원리를 알아야 한다. 유가철학에서는 '부모형제를 먼저 사랑하고, 그 마음을 미루어 타인을 사랑하며, 다시 그 마음을 미루어 천지만물을 사랑한다'고 한다. 이것이 바로 '친친인민애물親親仁民愛物'이다. '사친'은 부모형제를 사랑하는 '친친'의 단계이고, '지인'은 타인을 사랑하는 '인민'에 해당하며, '지천'은 천지만물을 사랑하는 '애물'의 경지에 해당한다.

경문

천하 모든 사람들이 따라야 할 도[達道]는 다섯 가지가 있는데, 그것을 실행하는 수양공부는 세 가지이다. 말했다. "군신간의 (忠) · 부자간의 (孝) · 부부간의 (別) · 형제간의 (弟) · 친구간의 믿음[信-交]이다. 이 다섯 가지는 천하 (모든 사람이 따라야 할) 달도이다. 지혜로움[知]과 인자함[仁] 및 용기[勇] 세 가지는 천하 모든 사람이 지녀야 할 품덕[達德]이지만, 그것을 실행하는 것은 하나이다. 혹자는 태어나면서부터 알고, 혹자는 배워서 알며, 혹자는 노력해서 아는데, 앎의 경지에 이르러서는 똑같다. 혹자는 자연스럽게 실행하고, 혹자는 도리에 밝아서 실행하며, 혹자는 노력하여 실행하는데, 그 성공의 경지에 이르러서는 똑같다."

天下之達道[1]五, 所以行之者三. 曰 : "君臣也, 父子也, 夫婦也, 昆弟[2]也, 朋友之交也. 五者, 天下之達道也." 知[3] · 仁[4] · 勇[5], 三者, 天下之達德[6]也. 所以行之者, 一也[7]. 或生而知之[8], 或學而知之[9], 或困而知之[10], 及其知之, 一也. 或安而行之[11], 或利而行之[12], 或勉强而行之[13], 及其成功, 一也.

역자 해설

1. 달도達道 : '달도'와 '달덕'에서 '달'은 '통通'의 의미이다. 즉 어디에 통하지 않은 곳이 없고, 어느 누구에게도 유효하게 적용되지 않음이 없다. 주희는 "달도는 천하 고금 (모든 사람들이) 공유하는 길이다"[2]라고 주석했다. 즉 과거와 현재 및 미래 모든 사람들에게 적용되는 불변의 도리이다. 맹자가 말한 오륜五倫, 즉 부자유친父子有親 · 군신유의

2 『中庸章句』, "達道者, 天下古今所共由之路."

君臣有義 · 부부유별夫婦有別 · 장유유서長幼有序 · 붕우유신朋友有信이 이에 해당한다. 이곳에서는 장유유서를 형제[昆弟]로 바꾸었을 뿐이다.

2. 곤제昆弟 : 형제간의 화목과 우애.
3. 지知 : 주희에 의하면, '지'는 달도를 알 수 있는 지혜이다.
4. 인仁 : '인'은 달도를 체현體現할 수 있는 도덕의지이다.
5. 용勇 : '용'은 달도가 중단되지 않고 원만하게 실현될 수 있도록 노력하는 의지이다.
6. 달덕達德 : 천하 모든 사람들에게 유효하게 적용되는 품덕이다. 주희는 달덕을 "천하 고금 (모든 사람들이) 함께 얻은 리이다"[3]라고 주석했다.
7. 소이행지자所以行之者, 일야一也 : 주희에 의하면, 이곳에 출현하는 하나[一]는 진실함, 즉 성誠을 지칭한다. 그러나 『사기』「평진후주부열전平津侯主父列傳」에서도 이 단락을 인용했는데, '一' 자가 없다. 따라서 혹자는 불필요한 글자[衍文]라고 주장한다. 그러나 역자는 연문이라고 생각하지 않는다. 『중용』「20장」에 처음 '성誠' 자가 등장한다. 『중용』「1장」은 천명과 성性 중심이지만, 「20장」에서부터 성誠이 핵심 개념으로 등장한다. 따라서 주희가 '하나[一]'를 성誠이라고 한 것은 충분히 객관적 근거가 있다고 할 수 있다.
8. 생이지지生而知之 : 태어나면서부터 달도와 달덕을 갖춘 사람이다. 이는 이상적인 화법에 불과하다. 공자 역시 스스로 '생이지지'한 사람

---

3 『中庸章句』, "達德者, 天下古今所同得之理也."

이라고 자임하지 않았다. 빼어난 능력자인 상근자上根者라고 할지라도 '학이지지'일 뿐 '생이지지'라고 할 수 없다. '생이지지'는 단지 성인들에 대한 칭송 화법에 불과하다. 아래의 '학이지지'와 '곤이지지'가 상근자와 중근자中根者 그리고 하근자下根者 모든 사람들에게 적용되는 일반적인 교법敎法이다.

9. 학이지지學而知之 : 후천적인 학습을 통하여 달도를 깨닫고, 달덕을 겸비한다.

10. 곤이지지困而知之 : 어려운 역경과 노력을 경유하여 안 경지이다. 다른 사람이 한 번 해서 할 수 있으면 자신은 두 번, 열 번 더 나아가 천 번의 시행착오를 거쳐서라도 앎의 경지에 이른다.

11. 안이행지安而行之 : 자연스럽게 순리대로 행하며, 아무런 인위적인 노력이 필요 없다. 앎의 '생이지지'와 같다.

12. 리이행지利而行之 : 혹자는 '리利'를 '이롭게 여기다'로 해석한다. 역자는 이 해석을 취하지 않는다. '리利' 자는 '날카롭다' 혹은 '예리하다'의 뜻을 갖고 있다. 따라서 '리이행지'는 앞의 '학이지지'와 마찬가지로 배움을 통해 도리를 분명하게 인식한다와 같은 경지이다.

13. 면강이행지勉强而行之 : '면강'은 '억지로'의 의미로도 사용된다. 이곳에서는 힘써 노력하여 실천한다로 해석한다. '곤이지지'가 이에 해당한다. 주희는 '생이지지'와 '안이행지'는 지혜로움[知-智]이고, '학이지지'와 '리이행지'는 앎을 체현하는 능력[仁]이며, '곤이지지'와 '면강이행지'는 불굴의 노력[勇]이다고 했다.[4] 그러나 역자는 주희의 이러한 해설이 부자연스럽게 느껴진다. 앞에서 '지'는 달도를 알 수

있는 지혜이고, '인'은 달도를 체현할 수 있는 도덕의지이며, '용'은 달도가 중단되지 않고 원만하게 실현될 수 있도록 노력하는 것이라고 했다. 이는 '지'·'인'·'용'의 작용 의미를 해설하고 있는 것일 뿐 삼자 사이에 어떤 등급의 차이가 있음을 말한 것이 아니다. 그런데 주희처럼 '생이지지'와 '안이행지'를 '지'로 규정하고, '학이지지'와 '리이행지'를 '인'에 해당하는 것으로, '곤이지지'와 '면강이행지'를 '용'으로 귀속시키면 지인용 삼자 사이에 등급의 차이가 존재하는 것처럼 보인다. 이 구절에 대한 주희의 주석은 오히려 문리文理의 혼란을 초래할 수 있는 위험이 있다.

경문

공자가 말했다. "학문을 좋아함은 지知에 가깝고, 힘써 노력하여 실천함은 인仁에 가까우며, 부끄러움을 아는 것은 용勇에 가깝다. 이 세 가지를 알면 수신의 도리를 알 것이고, 수신의 도리를 알면 사람을 다스리는 도리를 알 것이며, 사람을 다스리는 도리를 알면 천하 국가를 다스리는 도리를 알 것이다."

子曰[1]: "好學近乎知[2], 力行近乎仁[3], 知恥近乎勇[4]. 知斯

4 『中庸章句』, "則生知安行者知也, 學知利行者仁也, 困知勉行者勇也."

三者, 則知所以修身[5]. 知所以修身, 則知所以治人[6]. 知所以治人, 則知所以治天下國家矣[7]."

역자 해설

1. 자왈子曰 : 주희는 '자왈' 두 자는 불필요한 '연문'이라고 했다.
2. 호학근호지好學近乎知 : '근호近乎'는 '가깝다' 혹은 '유사하다'의 뜻이다. 왜 '근호'라고 했는가? 이에 대한 주희의 해설이 아름답다.

> 학문을 좋아하는 호학好學 자체가 '지知'는 아니지만 (호학으로 말미암아) 우매함을 충분히 깰 수 있고, 힘써 노력하는 역행力行 자체가 '인仁'은 아니지만 (역행으로 말미암아) 사사로움을 충분이 잊을 수 있으며, 부끄러움을 아는 지치知恥 자체가 '용勇'은 아니지만 (지치로 말미암아) 나태함을 충분히 극복할 수 있다.[5]

'호학好學'과 '역행力行' 및 '지치知恥' 세 가지는 아직 "천하 모든 사람이 지녀야 할 품덕" 즉 달덕達德에는 이르지 않았지만, 이 세 가지를 통하여 달덕의 경지에 도달함을 방해하는 요소들을 충분히 극복할 수 있다. 즉 일종의 달덕 경지에 이를 수 있는 구체적인 방법과

---

5 『中庸章句』, "好學非知, 然足以破愚. 力行非仁, 然足以亡私. 知恥非勇, 然足以起懦."

과정이다. 때문에 '근호'라고 한 것이다. 학문을 좋아하는 것은 지知라는 달덕에 가깝다. 배움을 좋아하는 사람은 자신의 부족함을 깨달았기 때문이다. 소크라테스가 '너 자신을 알라'고 한 것도 자신이 알고 있는 지식이 오로지 자신을 포함한 소수의 사람들에게만 적용되는 주관적 신념일 수 있음을 자각하라는 의미이다. 지혜로운 사람은 자신의 신념이 모든 이성을 소유한 사람에게 적용되지 않을 수 있음을 자각했기 때문에 항상 새로운 지식을 찾아 나선다. 이것이 바로 '호학'이다. 공자 역시 자신이 배움을 진정으로 좋아하는 호학인임을 스스로 긍정했다. 『논어』「공야장」에 다음과 같은 말이 있다.

> 공자가 말했다. "열 가구가 사는 작은 마을에도 나처럼 충신의 자질을 갖춘 사람은 있겠지만, 나처럼 학문을 좋아하는 사람은 없을 것이다."[6]

공자는 '호학'을 자신 생명의 본질로 삼은 것이다.

3. 역행근호인力行近乎仁 : 힘써 노력하는 행위는 '인'이라는 달덕에 가깝다. '지'가 인지적 활동이라면 '인'은 실천적 활동이다. 힘써 노력한다는 것은 수많은 시행착오를 두려워하지 않고 달도에 관한 완전한 인식과 실천을 이룰 때까지 정진한다는 것이다.
4. 지치근호용知恥近乎勇 : 부끄러움을 아는 것은 '용'이라는 달덕에 가깝

---

6 『論語』「公冶章」, "子曰 : '十室之邑, 必有忠信如丘者焉, 不如丘之好學也.'"

다. 자신의 잘못을 올바르게 자각하는 것이야말로 진정한 용기이다. 우리는 왜 달도를 알지 못하는가? 자신의 주관적 신념에 사로잡혀 진리를 찾을 줄 모르거나, 또 설령 그것의 잘못을 인식했다고 할지라도 담백하게 승인할 용기가 부족하기 때문이다. 따라서 부끄러움의 진정한 의미가 무엇인지 아는 것이야말로 용기라는 달덕에 가까운 덕이다.

5. 지사삼자知斯三者, 즉지소이수신則知所以修身 : '호학'과 '역행' 그리고 '지치'는 입덕入德의 방법 중에서 달덕에 가장 가까운 활동이다. 따라서 이 세 가지의 진정한 의미를 장악하면 곧 수신을 어떻게 하는지 알 수 있다.
6. 지소이수신知所以修身, 즉지소이치인則知所以治人 : 자신의 본성과 타인의 본성은 동일하다. 따라서 자신을 미루어 타인을 짐작하는 혈구지도絜矩之道[恕]에 따라 치인治人의 원칙과 방법을 알 수 있다.
7. 지소이치인知所以治人, 즉지소이치천하국가의則知所以治天下國家矣 : 가家와 국國 그리고 천하天下는 사람[人]의 공동체이다. 따라서 수신이 치인의 근본이 되고, 치인이 제가와 치국 그리고 평천하의 근본이 되는 것이다.

경문

무릇 천하와 국가를 다스림에는 아홉 가지 불변의 법칙이 있다. 말했다. "(스스로 자신을) 올바르게 수신해야 함 · 능력과 덕성을 갖춘 현자를 존중해야 함 · 부모와 형제를 사랑해야 함 · (나라에 공이 있는) 대신을 공경해야 함 · 여러 신하들의 마음을 잘 살펴야 함 · 백성들을 마치 자식처럼 사랑해야 함 · (나라를 위해 재능을 발휘하는) 여러 기능공을 근면하게 해야 함 · 먼 지방에서 온 사람들을 관대하게 대하여야 함 · 제후들을 감싸 안아야 함이 바로 그것이다. 자신을 올바르게 수양하면 다른 사람에게 마땅히 어떻게 해야 하는 원칙과 방법이 확립되고, 능력과 덕성을 갖춘 현자를 존중하면 (간신들에게) 미혹되지 않으며, 부모와 형제들을 사랑하면 백부와 숙부 및 형제들이 원망하지 않고, 나라에 공이 있는 대신을 존경하면 (국사를 처리함에 있어) 혼란을 일으키지 않으며, 여러 신하들의 마음을 잘 살펴 헤아리면 지식인들이 온힘을 다하여 나라에 보답하려고 하고, 여러 백성들을 마치 자식처럼 사랑하면 백성들이 근면하게 되며, 여러 기능공들을 (존중하여) 근면하게 하면 나라 재화의 쓰임이 충족할 것이고, 먼 지방에서 온 사람들을 관대하게 대하면 사방에서 (유민들이) 들어올 것이며, 제후들을 감싸 안으면 천하 사람들이 두려워 할 것이다."

凡爲天下國家有九經[1], 曰 : 修身也, 尊賢也, 親親也, 敬大臣也, 體群臣[2]也, 子庶民[3]也, 來百工[4]也, 柔遠人[5]也, 懷諸侯[6]也. 修身則道立[7]. 尊賢則不惑[8]. 親親則諸父昆弟不怨[9]. 敬大臣則不眩[10]. 體群臣則士之報禮重[11]. 子庶民則百姓勸[12]. 來百工則財用足[13]. 柔遠人則四方歸之[14]. 懷諸侯則天下畏之[15].

역자 해설

1. 구경九經 : '경經'은 영원히 변치 않는 '상常'이다. 구경은 국가를 다스리는데 필요한 아홉 가지의 강령綱領이다. 이 아홉 가지 원칙이야말로 영원히 변치 않는다. 따라서 '구경'이라고 한 것이다.
2. 체군신體群臣 : '체體'는 '헤아리다' 혹은 '살피다'의 의미이다. 어떻게 살피는가? 군주 자신이 신하의 입장에서 신하의 마음을 헤아려 보는 것이다. 이것이 바로 혈구지도이고, 서恕이며, 역지사지易地思之이다.
3. 자서민子庶民 : 백성을 사랑하기를 마치 자기 자식을 사랑하듯이 한다.
4. 래백공來百工 : '래來'는 '근면'의 뜻이다. 일설에는 '불러 오다'는 뜻으로 해석하기도 한다. 여러 재능을 가진 기능공들의 지위와 역할을 존중하면 그들은 자연스럽게 생산 활동에 근면할 것이다.
5. 유원인柔遠人 : 먼 곳에서 온 유민 혹은 이민족을 따뜻하게 맞이한다는 의미이다. 고대에는 제후들 간의 전쟁으로 말미암아 많은 유랑민들이 발생했다. 이들은 비교적 정치가 안정된 제후국을 찾아갔는데, 이들을 관대하게 대우해야만 그들이 그곳에 정착하면서 생산

활동에 종사할 수 있다.

6. 회제후懷諸侯 : 제후를 감싸 안는다. 주나라 초기에는 많은 제후국이 있었지만, 춘추시대로 접어들면서 그 숫자가 크게 줄어 13개국, 전국시대는 7개국으로 축소된다. 제후국이 축소된 주요 원인은 무력에 의한 전쟁 때문이다. 따라서 나라를 잃은 제후들을 감싸 안아 그들이 다시 나라를 세울 수 있도록 도와주어야 한다. 그래야만 제후들이 천자에 대하여 경외의 마음을 갖는다.

7. 수신즉도립修身則道立 : 이곳에서 '도'는 추상적인 개념이 아니다. 다른 사람을 대하는 원칙과 방법이 곧 도이다. 앞에서 말한 '혈구지도'와 충서忠恕의 '서'가 바로 도에 해당한다. 따라서 이 구절은 '먼저 자신을 올바르게 수양하면 다른 사람에게 어떻게 해야 하는 원칙과 방법이 확립된다'로 해석해야 한다.

8. 존현즉불현尊賢則不惑 : 두 가지 해석이 가능하다. 첫째, 어질고 지혜로운 현자를 존중하여 등용하면 국사가 잘못 처리되지 않는다. 둘째, 현자를 존중하여 등용하면 간신들의 참소와 농간에 미혹되지 않는다. 두 가지 뜻이 모두 통한다. 역자는 두 번째의 해석을 취했다. 그 이유는 뒤의 "나라에 공이 있는 대신을 존경하면 (국사를 처리함에 있어) 혼란을 일으키지 않는다[敬大臣則不眩]"는 말이 나오기 때문이다. 즉 두 구절을 서로 다르게 해석하는 것이 문장의 구성에 어울린다.

9. 친친즉제부곤제불원親親則諸父昆弟不怨 : '제부諸父'는 백부와 숙부 등을 가리킨다. '곤제昆弟'는 형제이다. 이곳에서 '친親'은 부모형제라

는 협의적 의미가 아니라 왕실 혹은 종친宗親 등 비교적 광의적 의미로 사용된다. 따라서 비록 '부모와 형제를 사랑하면 백부와 숙부 및 형제들이 원망하지 않는다'라고 문자 번역을 했지만, 실제 의미는 '왕실 구성원 혹은 종친 등 집안사람 모두를 사랑하면 백부와 숙부 그리 형제들이 원망하지 않는다'로 이해해야 한다.

10. 경대신즉불현敬大臣則不眩 : '불현不眩'은 '어떤 일을 처리함에 있어 혼란을 일으키지 않는다'는 의미이다. 그렇다면 이곳에서 대신은 실제로 앞에서 말한 '현자', 즉 어질고 능력 있는 신하를 가리킨다.
11. 체군신즉사지보예중體群臣則士之報禮重 : '여러 신하들의 마음을 잘 살펴 헤아리면 지식인들이 나라에 진력하여 보답하려는 마음이 생긴다. 이곳에서 '예' 자의 의미가 분명하지 않지만 바로 뒤에 나오는 '충신중록忠信重祿, 소이권사所以勸士'를 보면, 예는 '의무를 다하려는 마음'으로 해석하는 것이 타당하다. 즉 '여러 신하들의 마음을 잘 살펴 헤아린다'는 것은 '그들의 의견을 존중하고 그들에게 합당한 봉록을 준다'는 것을 뜻한다. 그렇다면 지식인[士]들은 그러한 대우에 보답하기 위하여 자신들을 근면하게 할 것이다. 따라서 '예'는 지식인들의 의무의식으로 해석하는 것이 타당하다.
12. 자서민즉백성권子庶民則百姓勸 : 백성들을 자기의 자녀처럼 사랑하면 백성들은 생산 활동에 근면하게 종사하여 군주의 은혜에 보답할 것이다.
13. 래백공즉재용족來百工則財用足 : 다양한 기술공들로 하여금 그들의 재능을 충분히 발휘할 수 있도록 도와주면 그들의 기술은 공업과

농업 등에 반영되어 재화의 쓰임이 풍족하게 될 것이다.

14. 유원인즉사방귀지柔遠人則四方歸之 : 유랑민들을 따뜻하게 대해주면 유민들이 사방에서 들어올 것이다. 인구의 증가는 곧 부국의 기틀이다.

15. 회제후즉천하외지懷諸侯則天下畏之 : 제후들에게 무력을 사용하지 않고 덕으로써 은혜를 베풀면 제후들이 그 덕망에 경외심敬畏心을 가질 것이다.

경문

(마음을) 재계하여 깨끗이 하고 복장을 단정히 하며, 예법에 맞지 않은 일에 대해서는 경거망동하지 않는 것이 바로 수신하는 것이다. 참소하는 말을 멀리하고 여색을 멀리하며, 재물을 천히 여기고 덕을 귀하게 여기는 것은 현자를 권면하는 방법이다. 그 지위를 존중해주고, 봉록을 많이 주며, 좋아함과 싫어함을 함께 하는 것은 집안사람[親人]을 권면하는 방법이다. 관속을 많이 두고 편리하게 부리게 함은 대신을 권면하는 방법이다. 진실한 마음으로 대하고 봉록을 많이 줌은 지식인들을 권면하는 방법이다. 적기 적시에 부역을 시키고 세금을 가볍게 하는 것은 백성을 권면하는 방법이다. 매일 매일 살펴보고 매월 시험하여 그 직능에 맞게 곡식을 내리는 것은 여러 기능공들을 권면하는 방

법이다. (나라를) 떠나가는 사람을 전송해주고 오는 사람을 환영하며, 잘하는 사람은 칭찬하고 잘하지 못한 사람은 가엾게 여기는 것은 먼 지방에 사는 사람을 회유하는 방법이다. 끊긴 대를 이어주고, 망한 나라를 일으켜 주며, 혼란한 나라를 다스려 주고, 위태로운 나라는 바로 잡아 주며, 조회와 빙문聘問을 일정한 시기에 따라 하고, 가는 사람을 후하게 대하며, 오는 사람을 가볍게 해주는 것은 제후를 감싸 안는 방법이다. 무릇 천하를 다스리는 불변의 법칙으로 아홉 가지가 있지만 그것을 실행하는 것은 하나[誠]이다.

齊明盛服[1], 非禮不動, 所以修身也. 去讒遠色, 賤貨而貴德[2], 所以勸賢也. 尊其位, 重其祿, 同其好惡[3], 所以勸親親也. 官盛任使[4], 所以勸大臣也. 忠信重祿[5], 所以勸士也. 時使薄斂[6], 所以勸百姓也. 日省月試, 旣稟稱事[7], 所以勸百工也. 送往迎來, 嘉善而矜不能[8], 所以柔遠人也. 繼絶世, 擧廢國, 治亂持危, 朝聘以時[9], 厚往而薄來[10], 所以懷諸侯也. 凡爲天下國家有九經, 所以行之者, 一也[11].

역자 해설

1. 재명성복齊明盛服 : '재명齊明'은 '마음을 가지런히 하다'의 뜻이다. 도

가나 불가에서 '재명'의 방법은 '허정虛靜'과 '무집無執'이지만, 유가에는 마음의 진실함인 '충'과 '성誠' 그리고 마음을 안으로 수렴하여 흔들리지 않게 하는 경敬이 있다.

2. 거참원색去讒遠色, 천화이귀덕賤貨而貴德 : 남을 무고하거나 아부하는 말을 멀리하고, 불의不義한 재물보다는 합리적인 덕을 존중하라는 의미이다. '천화賤貨'에 대해서는 오해가 없어야 한다. 국가를 경영함에 있어 재화는 필수불가결한 요소이기 때문에 재물은 결코 천시의 대상이 될 수 없다. 공자와 맹자 역시 재물의 가치를 소홀히 취급하지 않았다. 공자는 "재물을 보면 그것이 의로운 것인지를 먼저 생각하라[見得思義]"라고 했다. '천화'와 '귀덕'에서 '귀덕'이 상대적 우선성을 갖는다는 의미에 불과하다.
3. 존기위尊其位, 중기록重其祿 동기호오同其好惡 : 왕실 종친의 지위를 존중하고, 그들에게 충분한 봉록을 주며, 그들과 함께 좋아함과 싫어함을 공유한다.
4. 관성임사官盛任使 : 주희는 "관속이 많아서 사령을 충분히 맡길 수 있다. 대신은 사소한 일을 해서는 안 되기 때문에 이렇게 우대하는 것이다"[7]라고 주석했지만, '임사任使'의 의미에 주목하면 '대신에게 자율성을 부여한다'로 해석하는 것이 타당할 것 같다.
5. 충신중록忠信重祿 : '사士'는 관리가 될 수 있는 인재이다. 따라서 진실한 마음으로 그들을 대하는 것은 그들을 신뢰한다는 것이고, 봉록을

7 『中庸章句』, "官屬衆盛, 足任使令也. 蓋大臣不當親細事, 故所以優之如此."

많이 주는 것은 그들의 역할을 존중한다는 의미이다.

6. 시사박렴時使薄斂 : '시사時使'는 부역을 의미한다. 고대에 대규모 토목 공사 등을 전개할 때는 백성들의 부역이 필요했다. 비록 부역의 필요성은 긍정하지만, 생산의 시기인 농번기는 피해야 한다. 그것이 바로 '시사'이다. '박렴薄斂'은 백성들로부터 세금을 적게 거둬들인다는 뜻이다.

7. 일성월시日省月試, 기품칭사旣稟稱事 : '기품旣稟'은 관청에서 양식을 발급하는 것이고, '칭사稱事'는 그 직책에 부합되게 한다는 것이다. '기旣'는 '희餼' 즉 벼와 쌀을 가리키고, 품은 '름廩' 즉 '곡식을 주다'는 의미이다. '매일 매일 살펴보고 매월 시험하다'의 '일성월시'는 매일과 매월 '테스트한다'는 의미보다는 기능공들의 역량을 잘 살펴 우수한 사람들에 대해서는 그 역할에 부합한 대우를 해준다는 것으로 이해하는 것이 합리적이다.

8. 송왕영래送往迎來, 가선이긍불능嘉善而矜不能 : 자기 나라를 떠나는 사람을 박해하지 않고, 오는 사람에 대해서는 진심으로 환영한다. 백성들 중에서 빼어난 능력을 가진 자에게는 칭찬과 함께 상을 내리고, 능력이 부족한 사람에 대해서는 긍휼히 여겨 그들을 보살펴 준다. 그래야만 다른 나라 백성들이 이를 부러워하여 모여들게 된다.

9. 조빙이시朝聘以時 : '조朝'는 제후가 천자를 알현하는 것이고, '빙聘'은 제후가 대부로 하여금 천자의 나라에 가서 예물을 올리게 하는 것이다. 『왕제王制』에 의하면, 매년 작은 빙문[小聘]을 하고, 3년에 한 번 큰 빙문[大聘]을 하며, 5년에 한 차례 천자를 알현[朝]한다고 한다.

10. 후왕이박래厚往而薄來 : 제후와 대부가 천자에게 공물을 적게 바치게 하고, 그들이 방문할 때는 잔치를 융숭하게 해주며, 돌아갈 때에도 재물을 풍족하게 내린다. 이렇게 해야만 제후들이 왕실을 존중하고 경외하는 마음을 갖는다.

11. 소이행지자所以行之者, 일야一也 : 이곳에서 하나는 바로 '성誠'이다. 주희는 구경을 행함에 있어 한 가지라도 '성誠'을 실질 내용으로 하지 않으면 모두 빈 글[虛文]이 된다[8]고 했다.

경문

모든 일은 (사전에 철저히) 준비하면 성공할 수 있고, 준비하지 않으면 실패한다. 말 (역시 사전에) 준비하면 차질이 없다. 일 (역시 사전에) 준비하면 곤궁하지 않게 된다. 행동 (역시 사전에) 준비하면 결함이 없다. 사람이 마땅히 해야 할 도리 (역시 사전에) 준비하면 통하지 않음이 없게 된다.

凡事豫則立[1], 不豫則廢[2]. 言前定則不跲[3], 事前定, 則不困. 行前定, 則不疚[4]. 道前定, 則不窮[5].

8 『中庸章句』, "一有不誠, 則是九者皆爲虛文矣."

역자 해설

1. 범사예즉립凡事豫則立 : 주희에 따르면, '범사凡事'의 '사'는 앞에서 말한 달도와 달덕 그리고 구경에 관한 것이다. 그리고 '예豫'는 '준비하다'의 뜻이다. 그렇다면 이 구절은 '달도와 달덕 그리고 구경 등은 반드시 사전에 철저한 준비가 있어야만 비로소 원만하게 실현될 수 있다'로 해석되어야 한다. 그렇다면 무엇을 준비해야 하는가? 달도와 달덕 그리고 구경 등은 모두 도덕 혹은 정치와 관련 있는 것이다. 따라서 준비해야 할 것은 도덕의식과 관련 있을 것이다. 주희는 그것을 진실함, 즉 성誠이라고 한다.
2. 폐廢 : '폐廢'는 '없어지다'는 뜻이지만, 앞 구절과 대구를 이루어야 하기 때문에 '실패한다'로 번역했다.
3. 언전정즉불겁言前定則不跲 : '겁跲'은 '넘어지다'의 뜻이다. 원문을 그대로 해석하면 "말을 미리 정하면 차질이 없다"는 뜻이지만, '정하다'가 무엇을 결정한다는 것인지? 아니면 어떤 상태를 의미하는 것인지 분명하지 않다. 주희는 이 구절에 대하여 "이는 윗 글을 이어 모든 일[달도 · 달덕 · 구경]을 하기 전에 먼저 성誠을 세우고자 함을 말한 것이다"[9]라고 주석했다. 주희에 의하면, 먼저 세워야 할 것은 바로 마음의 진실함, 즉 순일무잡純一無雜의 '성誠'이다. 따라서 '준비하다[豫]'와 '정하다[定]'는 실제로 '성誠을 세우는 것'이다. 그렇다면 이 구절은 '성誠을 올바르게 세우고서 말을 하면 차질이 없다'로 이해해야 한

9 『中庸章句』, "此承上文, 言凡事皆欲先立乎誠."

다. 다음의 "사전정事前定, 즉불곤則不困. 행전정行前定, 즉불구則不疚. 도전정道前定, 즉불궁則不窮" 역시 마찬가지이다.

4. 불구不疚 : '구疚'는 '병들다'는 의미로, 이곳에서는 '성誠을 올바르게 세우고서 행동하면 결함이 없다'로 해석해야 한다.
5. 불궁不窮 : 앞의 '곤困'이 어렵다의 뜻이라면, '궁窮'은 막히어 통하지 않는다는 뜻이다.

경문

아랫자리에 있으면서 윗사람의 신임을 얻지 못하면 백성을 (올바르게) 다스리지 못할 것이다. 윗사람의 신임을 얻는 방법이 있으니, 친구에게 신임을 얻지 못하면 위 사람에게 신임을 얻지 못할 것이다. 친구의 신임을 얻는 방법이 있으니, 부모의 뜻을 따르지 못하면 친구에게 신임을 얻지 못할 것이다. 부모의 뜻을 따르는 방법이 있으니, 자신을 뒤돌아보아 (마음이) 진실하지 못하면 부모의 뜻을 따르지 못할 것이다. 자신의 마음을 진실하게 하는 방법이 있으니, 선에 밝지 못하면 자신을 진실하게 하지 못할 것이다.

在下位, 不獲乎上, 民不可得而治矣[1]. 獲乎上有道, 不信乎朋友, 不獲乎上矣. 信乎朋友有道, 不順乎親[2], 不信乎朋友矣. 順乎親有道, 反諸身不誠[3], 不順乎親矣. 誠身

[心]有道, 不明乎善, 不誠乎身[心]矣.

역자 해설

1. 재하위在下位, 불획호상不獲乎上, 민불가득이치의民不可得而治矣 : 윗 사람의 신임을 얻는 방법은 무엇인가? 먼저 친구의 신임·부모의 뜻을 따름·마음의 진실함 등을 차례로 제시하고 마지막으로 선에 대한 밝음[明善]을 제시했다. 앞에서는 모든 일 즉 달도와 달덕 그리고 구경의 일을 처리함에 있어 가장 먼저 해야 할 것으로 '성誠'을 제시했는데, 이곳에서는 '성誠'보다 근원적인 것으로 '선에 대한 밝음' 즉 '명선'을 제시한다. '명선'은 단순한 선에 대한 인식뿐만 아니라 선에 대한 희열까지 포함하고 있다. 이것을 앞의 '성誠'과 연계시켜보면, '성誠'은 단순한 마음의 순일무잡 상태가 아니라 '선에 대한 인식과 희열'이 곧 '성誠'임을 강조한 것이다.
2. 불순호친不順乎親 : '친親'은 부모이고, '순順'은 '따르다'의 의미이다. 순종으로 번역할 수 있지만 수동의 의미가 너무 강한 것 같아 취하지 않았다.
3. 반저신불성反諸身不誠 : '반反'은 '돌이켜 성찰하다'는 뜻이고, '諸'는 '저'로 읽어야 한다. 그리고 '신身'은 실제로 마음[心]을 가리킨다.

❁ 경문 ❁

"진실함은 하늘의 도이다. 진실함을 실천하는 것은 사람의 도이다. 진실한 사람은 (인위적으로) 노력하지 않아도 도리에 합치하고, (인위적으로) 자각하지 않아도 (선을) 얻을 수 있으며, 자연스럽게 도에 합치하니, (이런 사람이 바로) 성인이다. 진실하려고 노력하는 사람은 선을 택하여 그것을 잃지 않고 간직하는 사람이다."

誠者, 天之道也. 誠之者, 人之道也[1]. 誠者, 不勉而中[2], 不思而得[3], 從容中道[4], 聖人也. 誠之者, 擇善而固執之者也[5].

역자 해설

1. 성자誠者, 천지도야天之道也. 성지자誠之者, 인지도야人之道也 : 『중용』 제1장에서는 천명과 성性이 주제어이다. 천명으로부터 성性을 도출하여, 성性과 천도를 수평적으로 놓는다. 제1장에서 중화中和는 성性의 미발未發과 이발已發이다. 이처럼 천명으로부터 성性을 이끌어내는 계통은 분명 맹자와 다르다. 맹자는 심心으로부터 성性으로 나아가고, 다시 천도로 확장한다. 이것이 바로 맹자가 말한 "마음을 다하

면 본성을 알 수 있고, 본성을 알 수 있으면 천도를 알 수 있다"는 '진심지성지천盡心知性知天'이다. 즉 마음으로부터 본성 다시 천도로 나아간다. 마음은 주체를 의미하고, 본성은 보편을 의미하며[人皆有之], 천도는 초월을 의미한다[天所與我者]. 즉 도덕 주체인 도덕 선의지가 바로 사람이 사람일 수 있는 본성이고, 하늘이 하늘일 수 있는 천도라는 것이다. 이 모든 과정은 주체인 심, 즉 선의지로부터 출발한다. 이는 아래로부터 위로 향하는 상향식上向式이다. 그러나 『중용』「1장」에서는 위[天命]에서 아래[人-性]로 하관下貫하는 형식을 취한다. 형식적인 체계에서 보면 『중용』과 맹자는 분명 이질적이다. 맹자가 심성론 중심이라면, 『중용』은 천도론 혹은 우주론 중심이다. 그렇지만 「20장」에서 성誠이 출현하면서 맹자와 『중용』이 동일계통의 유가학술임을 증명하고 있다. 주희에 의하면, "성誠이라는 것은 진실되어 망령됨이 없음을 말한다. 이는 천리의 본래 모습이다. 성지자誠之者는 아직 진실무망하지 않지만 진실무망하려고 노력하는 활동이며, 이는 인사의 당연함이다."[10] 성誠으로써 천도를 규정했다는 것은 곧 『중용』의 하늘[天]이 도덕적 선의지인 심과 다름이 아니라는 것을 의미한다. 즉 마음의 성誠이 인도이면서 천도인 것이다. 이는 맹자의 '진심지성지천'과 서로 다르지 않다. 「20장」에서는 「1장」의 천도론 중심에서 다시 심성론 중심으로 회귀하고 있다. 따라서 역자는 「1장」의 '천명지위성'을 맹자의 '진심지성지천'을 전제로

10 『中庸章句』, "誠者, 真實無妄之謂, 天理之本然也. 誠之者, 未能真實無妄, 而欲其真實無妄之謂, 人事之當然也."

하고서 다시 심·성·천의 관계를 하관식으로 해설한 것이라고 생각한다.

2. 불면이중不勉而中 : 인위적으로 노력하지 않아도 천도에 합치하다. '중中'은 '들어맞다'의 의미이다.
3. 불사이득不思而得 : '사思'는 사려하다 혹은 자각하다의 의미이다. 이 '사'에는 후천적으로 노력한다는 의미가 포함되어 있다. 따라서 '불사이득'은 '인위적으로 도를 자각하지 않아도 선을 얻을 수 있다'로 해석해야 한다. 즉 자연스럽게 선과 일치한다.
4. 종용중도從容中道 : '종용從容'은 앞의 '불면不勉'·'불사不思'와 동일한 의미이다. 인위적으로 노력하지 않아도 자연스럽게 도리에 합치한다.
5. 택선이고집지자야擇善而固執之者也 : '택선擇善'은 '면勉'·'사思'의 노력을 통하여 선을 자각했다는 것이고, '고집固執'은 그것을 잃지 않으려고 노력하는 모습이다. 앞의 '불면이중'과 '불사이득' 그리고 '종용중도'가 '생이지지生而知之' 혹은 '안이행지安而行之'의 경지에 해당한다면, '택선고집'은 '학이지지學而知之' 이하가 이에 해당한다.

경문

"넓게 배우고, 자세히 물으며, 신중히 생각하고, 분명하게 변별하며, 독실하게 실행한다. 배우지 않을 수는 있을지언정 배웠음에도 불구하고 할 수 없거든 (할 수 있을 때까지)

그만두지 말라. 묻지 않을 수는 있을지언정 물었음에도 불구하고 알지 못하거든 (알 때까지) 그만두지 말라. 생각하지 않을 수는 있을지언정 생각했음에도 불구하고 깨닫지 못했거든 (깨달을 때까지) 그만두지 말라. (분명하게) 분별하지 않을 수는 있을지언정 분별했음에도 불구하고 분명하지 않거든 그만두지 말라. 실천하지 않을 수는 있을지언정 실천했음에도 불구하고 독실하지 않거든 그만두지 말라. 남이 한 번에 할 수 있으면 자기는 백번을 해서 (할 수 있을 때까지) 하고, 남이 열 번에 할 수 있으면 자기는 천 번을 해서 (할 수 있을 때까지) 하라. 참으로 이렇게 할 수 있으면 비록 우둔한 사람이라도 반드시 밝아지게 되며, 비록 유약한 사람이라도 반드시 강하게 될 것이다."

博學之[1], 審問之[2], 愼思之[3], 明辨之[4], 篤行之[5]. 有弗學, 學之弗能弗措也[6]. 有弗問, 問之弗知弗措也. 有弗思, 思之弗得弗措也. 有弗辨, 辨之弗明弗措也. 有弗行, 行之弗篤弗措也. 人一能之, 己百之[7]. 人十能之, 己千之. 果能此道矣, 雖愚必明[8], 雖柔必强[9].

역자 해설

1. 박학지博學之 : 학문의 범위를 넓게 하다. 즉 지식을 취함에 있어 편향된 시각을 갖지 말라.
2. 심문지審問之 : 모르는 것이 있으면 알 때까지 자세하고 깊게 물어라.
3. 신사지愼思之 : 근신하는 태도로써 신중하게 생각하라.
4. 명변지明辨之 : 시비와 선악에 대하여 분명하게 분별하라.
5. 독행지篤行之 : 아는 것을 실천으로 독실하게 실천하라. 주희는 정이의 말을 인용하여 "(박학 · 심문 · 신사 · 명변 · 독행) 다섯 가지 중에서 하나만 없애도 학문이 아니다"라고 했다. 박학 · 심문 · 신사 · 명변은 앎에 관한 태도이고 활동이다. 반면 독행은 실천에 관한 태도이고 활동이다. 따라서 이 다섯 가지 중에서 하나도 빠뜨려서는 안 된다는 것은 곧 지행합일을 강조한 것이라고 할 수 있다.
6. 유불학有弗學, 학지불능부조야學之弗能弗措也 : '조措'는 '놓다'의 의미이지만, 이곳에서는 '그만두다'로 사용된다. 즉 배울 기회가 없어 배우지 않을 수는 있을지언정 배웠음에도 불구하고 그것을 실천으로 표현할 수 없거든 온전하게 실천으로 드러낼 수 있을 때까지 그만두지 말라. 그 이하의 문장도 이처럼 해석해야 한다.
7. 인일능지人一能之, 기백지己百之 : 어떤 사람은 한 번 시도하여 그것을 할 수 있었다면, 너는 백번을 시도해서라도 실천할 수 있도록 노력하라.
8. 수우필명雖愚必明 : '우명愚明'은 앎에 관한 능력이다. 즉 비록 우매한 사람일지라도 백 번 천 번 노력하면 현명한 사람과 똑같이 된다.

9. 수유필강雖柔必强 : '유강柔强'은 의지, 즉 실천에 관한 능력이다. 비록 의지가 약한 사람일지라도 노력하면 강한 사람이 될 것이다.

제21장

진실함으로 말미암아 밝아지는 것을 성性이라고 한다[自誠明謂之性誠].

경문

진실함[誠]으로 말미암아 밝아지는 것을 성性이라고 하고, 밝음[明]으로 말미암아 진실하게 되는 것을 가르침이라고 한다. (그러므로) 진실하면 밝아지고, 밝아지면 진실해진다.

自誠明謂之性[1]. 自明誠謂之教[2]. 誠則明矣, 明則誠矣[3].

역자 해설

1. 자성명위지성自誠明謂之性 : 이 구절에 대해서는 일단의 해설이 필요하다. 정현과 주희는 동일한 의미로 해설했지만, 정현에 비해 주희의 해설이 더욱 구체적이다. 정현은 "자自는 '말미암다'이다. 지극한 진실함[至誠]으로 말미암아 덕을 밝히게 되는 것은 성인의 성性

이다"[1]라고 했다. 반면 주희는 "덕에 진실하지 않음이 없어 밝은 작용이 비추지 않은 곳이 없는 것은 성인의 덕인데, 이는 성인의 본성에 따라서 있게 된 것으로 천도 그 자체이다"[2]라고 주석했다. '진실함[誠]으로 말미암아 밝아진다'는 것은 후천적 수양 공부를 통하지 않고 자연스럽게 도리에 합치하는 성인의 덕성을 설명한 것이다. 이러한 성명誠明은 바로 본성의 자연스러운 유출이다. 정현이 말한 "성인의 성이다[聖人之性者也]"와 주희가 말한 "이는 성인의 본성에 따라서 있게 된 것으로 천도 그 자체이다[所性而有者也, 天道也]"는 바로 후천적인 노력을 경유하지 않고 본성의 작용에 따라서 자연스럽게 도리에 합치함을 말한 것이다. 이 구절은 『중용』 첫 장의 "성을 따르는 것을 도라고 한다[率性之謂道]" 그리고 「20장」의 "진실한 사람은 (인위적으로) 노력하지 않아도 도리에 합치하고, (인위적으로) 자각하지 않아도 (선을) 얻을 수 있으며, 자연스럽게 도에 합치하니, (이런 사람이 바로) 성인이다"[3]와 같은 의미이다.

2. 자명성위지교自明誠謂之教 : "밝음으로 말미암아 진실하게 되는 것을 가르침이라고 한다." 이때의 '명明'은 후천적인 학습과 자각 그리고 성찰을 포함하고 있다. 이에 대하여 주희는 "먼저 선에 대하여 자각한 후에 선을 실천하는 것은 현인의 학문인데, 이는 교육을 통하여 (성인의 경지에) 들어가는 것이다"[4]라고 주석했다. 이것과 『중용』

---

1 『禮記注疏』「卷52. 中庸」, "自, 由也. 由至誠而有明德, 是聖人之性者也."

2 『中庸章句』, "德無不實而明無不照者, 聖人之德, 所性而有者也, 天道也."

3 『中庸』「20章」, "誠者, 不勉而中, 不思而得, 從容中道, 聖人也."

첫 장의 "도를 실현함에 있어 (예악과 형정 등으로써) 제한과 등급을 두는 것을 '교화'라고 한다[修道之謂敎]" 그리고 「20장」의 "진실하려고 노력하는 사람은 선을 택하여 그것을 잃지 않고 간직하는 사람이다"[5]는 같은 의미이다.

3. 성즉명의誠則明矣, 명즉성의明則誠矣 : 마음이 완전하게 진실무망하면 도리를 알지 못함이 없고, 선에 대하여 온전하게 자각했으면 그것을 근거로 지극한 진실함[至誠]의 경지에 이를 수 있다. 왜 그런가? 사실 진실함[誠] 그 자체가 천도이지만, 이 진실함이 실제로 실현되는 시작점은 선에 대한 자각이다. 이를 통하여 진실함의 경지에 이를 수 있고[明則誠], 진실함의 경지에 이르면 모든 것이 본성의 자연스러운 자아실현이기 때문에 도리에 밝지 않음이 없게 된다[誠則明]. 후천적인 자각을 통하여 선을 실현하는 것과 본성의 자연스러운 유출을 통하여 선을 실현하는 것 사이에는 어떤 가치적 차이도 없다.

---

4 『中庸章句』, "先明乎善而後能實其善者, 賢人之學, 由敎而入者也."

5 『中庸章句』, "聖人也. 誠之者, 擇善而固執之者也."

제22장

지극히 진실한 사람만이 본성을 온전하게 실현할 수 있다[至誠爲能盡其性].

❈ **경문** ❈

오직 천하에 지극히 진실한 사람만이 자신의 본성을 온전하게 다 실현할 수 있다. 자신의 본성을 온전하게 다 실현할 수 있으면 다른 사람의 본성도 온전하게 다 실현시켜줄 수 있다. 다른 사람의 본성을 온전하게 다 실현시켜줄 수 있으면 사물의 본성도 온전하게 다 실현시켜 줄 수 있다. 사물의 본성을 온전하게 다 실현시켜 줄 수 있으면 천지의 화육을 도울 수 있다. 천지의 화육을 도울 수 있으면 천지의 화육에 참여하여 (천지와 함께) 병립할 수 있다.

唯天下至誠[1], 爲能盡其性. 能盡其性, 則能盡人之性[2]. 能盡人之性, 則能盡物之性[3]. 能盡物之性, 則可以贊天地之化育[4]. 可以贊天地之化育, 則可以與天地參矣[5].

역자 해설

1. 유천하지성唯天下至誠 : '천하에 지극히 진실한 사람'은 바로 본성에 따라서 덕을 자연스럽게 실현하는 성인을 지칭한다. 이러한 성인의 마음은 순수무잡하기 때문에 지성至誠이라고 한 것이다. 주희는 '지성'에 대하여 "천하의 지극한 진실함이라는 것은 성인의 덕의 진실함으로서 천하에 더할 것이 없음을 말한 것이다"[1]라고 주석했다. 이러한 '지성자至誠者'가 바로 이상적 인물인 성인인데, 이는 자신의 본성에 따라 자연스럽게 덕성을 실현하는 사람이다. '지성至誠'에는 '완전한 진실함이라는 경지'와 '본성의 자연스러운 자아실현'이라는 두 의미가 내재되어 있다.
2. 능진기성能盡其性, 즉능진인지성則能盡人之性 : '진기성盡其性'은 자신의 본성을 온전하게 다 실현한다는 것이고, '진인지성盡人之性'은 타인의 본성을 온전하게 다 실현시켜 주는 것이다. 유가철학의 기본 방향은 내성과 외왕이다. 내성이 자신 인격의 순수함을 말한 것이라면, 외왕은 자신과 타인 그리고 천지만물과의 관계 완성을 말한 것이다. 즉 도덕 실천에서는 대상이 없을 수 없는데, 유가철학에서는 대상에 대한 도덕 감응을 통하여 대상으로 하여금 본래적 가치[性]를 실현할 수 있도록 도와주고, 동시에 대상과 일체 혹은 무대립의 관계를 도모한다. 이것이 바로 외왕이다. 외왕 사업에는 '타인에 대한 교화' 의미가 포함되어 있다. 맹자가 강조하는 '교민教民'이 바로 그것이다. 이러

1 『中庸章句』, "天下至誠, 謂聖人之德之實, 天下莫能加也."

한 외왕이 가능하려면 하나의 전제 조건이 필요한데, 그것은 바로 자신의 존재 근거인 본성과 타인 그리고 만물 본성의 동일함이다. 자신의 본성과 타인의 본성 그리고 사물의 본성이 동일하기 때문에 자신의 본성 실현을 통하여 타인의 인격 완성, 그리고 사물의 존재 가치 완성까지도 이룰 수 있다. 본성의 동일함과 외왕 사업 실현이라는 두 측면에서 "자신의 본성을 온전하게 다 실현할 수 있으면 다른 사람의 본성도 온전하게 다 실현시켜줄 수 있다"는 말이 성립 가능하다.

3. 능진인지성能盡人之性, 즉능진물지성則能盡物之性 : 주희는 "타인의 본성과 사물의 본성도 나의 본성과 동일한데, 단지 부여받은 형기가 서로 같지 않기 때문에 다른 모습이 있는 것이다"[2]고 했다. 이것이 바로 '리는 같고 기는 다르다'는 '리동기이理同氣異'[3]이다. 리는 동일성의 원칙이고, 기는 차이성의 원칙이다. 리가 서로 같다는 것에는 여러 의미가 포함되어 있다. 대표적인 것은 천지만물의 선험적 존재 가치가 서로 동일하다는 의미이다. 또 리의 동일성은 자신의 도덕 실천이 단순히 개인의 인격 완성[內聖-成己] 차원에만 그치지 않고 타인의 인격 완성[外王-成人], 더 나아가 만물의 존재 가치 완성[成物]까지 확장될 수 있는 이론 근거이다. 기의 차이성은 천지만물에서 오로지 인간만이 기품氣稟의 우월함으로 말미암아 도덕 실천의 주체가 될 수 있고, 동시에 자신뿐만 아니라 타인 그리고 천지만물의 존재 가치를 완성할 수 있다는 이론 근거이다.

---

2 『中庸章句』, "人物之性, 亦我之性. 但以所賦形氣不同而有異耳."

3 性卽理이기 때문에 理同은 곧 성의 동일성을 의미한다.

4. 능진물지성能盡物之性, 즉가이찬천지지화육則可以贊天地之化育 : '찬贊'은 '돕다'의 의미이다. 자신의 본성을 실현한다는 '진기성盡其性'에서부터 타인의 본성을 실현하는 '진인지성盡人之性', 다시 사물의 존재 가치를 완성하는 '진물지성盡物之性'으로 도덕 실천의 영역이 확장된다. 이제는 더욱 확장되어 인간이 천지의 화육을 돕는다고 한다. 그렇다면 인간의 도덕 행위와 천지의 화육 사이에 동일성이 있어야 하는데, 그것은 무엇인가? 다름 아닌 '생生'이다. 도덕 실천은 가치의 '생'임과 동시에, 천지 화육의 '생'이다. 도덕 실천에는 대상이 없을 수 없고, 또 도덕 실천 완성의 진정한 의미는 대상과의 조화, 그리고 대상의 본래적 가치 회복에서 찾는다. 다시 말하면 천지만물의 존재 가치는 자신의 도덕 실천에 의하여 그 의미가 드러나는 것이다. 따라서 자신의 도덕 실천은 천지의 화육을 돕는 행위일 뿐만 아니라, 더 나아가 천지와 병립하면서 자신이 곧 천지화육의 주체임을 드러내는 활동이다. 이것이 바로 『중용』에서 지향하는 도덕형이상학이다.
5. 가이찬천지지화육可以贊天地之化育, 즉가이여천지참의則可以與天地參矣 : '참參'은 '참여하다'의 의미이다. 주희는 "천지의 화육에 참여한다는 것은 천지와 병립하면서 셋이 됨을 말한 것이다"[4]라고 주석했다. 즉 행위의 주체인 자신이 하늘 · 땅과 더불어 천지화육의 주체로 정립된다는 의미이다. 천지의 화육은 사실에 관한 것이고, 행위의 주체인 자신은 존재 가치의 실현을 담당한다.

---

4 『中庸章句』, "與天地參, 謂與天地並立為三也."

제23장

그 다음은 어느 한 장점을 지극하게 확충하는 것이다 [其次致曲].

경문

그 다음은 (성인 아래 등급인 현인인데, 현인은 성인처럼 자신의 본성을 온전하게 드러낼 수 없기 때문에) 어느 한 장점을 근거로 지극하게 확충한다. 어느 한 장점을 충분히 확충할 수 있으면 진실함이 드러난다. 진실하게 되면 어떤 표현이 있을 것이고, 어떤 표현이 있으면 바로 드러나며, 드러나면 빛을 발현하고, 빛을 발현하면 (다른 사람을) 감동시킬 수 있으며, (다른 사람을) 감동시킬 수 있으면 (그 사람을) 변화시킬 수 있고, (그 사람을) 변화시킬 수 있으면 천지만물을 화육할 수 있다. 오로지 천하에 지극히 진실한 사람만이 (천하 만민을) 교화시켜 완성할 수 있다.

其次致曲. 曲能有誠[1]. 誠則形[2], 形則著[3], 著則明[4], 明則動[5], 動則變[6], 變則化[7]. 唯天下至誠爲能化[8].

역자 해설

1. 기차치곡其次致曲, 곡능유성曲能有誠 : '기차其次'는 '그 다음'의 뜻이다. '지성자至誠者'인 성인 다음 단계 사람이 진실함[誠]의 경지에 이르는 방법이다. 즉 현인이 진실함의 경지에 이르는 순서와 방법을 설명한 것이다. '치致'는 '앞으로 밀어내다[推致]'는 것이고, '곡曲'은 '한쪽으로 편향되었다[偏]'는 뜻이다. 따라서 '치곡'은 어느 한 부분으로 치우친 곳에서 힘을 쓴다는 의미이다. '치우치다'는 말은 불완전의 의미를 갖고 있지만, 한편으로는 그 부분의 능력[德]이 다른 사람에 비해 뛰어나다는 것을 의미하기도 한다. 역자는 후자의 의미를 취한다. 지극히 진실한 성인은 모든 덕을 온전히 겸비하고 있기 때문에 어느 한 곳도 부족함이 없다. 따라서 성인의 도덕 실천은 본성 그대로의 자연스러운 유출일 뿐이다. 성인 이하 현인부터 일반인까지는 성인과 동일하게 본성을 소유하고 있지만, 그것을 실현함에 있어 미진하고 부족한 면이 있다. 그렇지만 비록 성인처럼 원만한 겸비는 아니지만 어느 한 쪽에 빼어난 품덕을 표현하기도 한다. 혹자는 그 품덕이 인자함에 편중되어 있고, 혹자는 지혜로움에 편중되어 있으며, 혹자는 용맹함에 편중되어 있기도 하다. 이러한 치우침은 비록 부족함이지만, 다른 한 편에서는 지극한 진실함에 이를 수 있는 유효한 시작점 혹은 통로이기도 하다. 또 이러한 치우침과 편향은 품수한 기질에 따라서 나타나기도 한다. 예를 들어 기질이 돈후敦厚한 사람은 인자하고, 청랑淸朗한 사람은 지혜롭기도 하다. 그러나 인자한 기질을 가진 사람이 반드시 지혜로운 것은 아니고, 지혜로운 기질을

가진 사람이 반드시 인자한 것도 아니다. 우리가 말하는 기질의 청淸·탁濁·유柔·강强·지智와 우愚의 차별이 바로 치우침과 편향됨이다. 편향과 치우침은 비록 제한이지만, 동시에 그것은 특성이기 때문에 한쪽으로 편향된 부분에서 힘을 써야 한다. 이 말에 대해서 오해가 있어서는 안 된다. 이는 편향과 치우침을 극대화한다는 의미가 아니라 기질과 특성상 비교적 쉽게 표현될 수 있는 덕을 지극하게 확충하여 다른 덕으로까지 확장한다는 의미이다. 공자의 제자 중에 자로는 강한 기질 때문에 공자에게 자주 질책을 받았지만, 때로 공자는 자로의 용勇을 긍정해주면서 군자의 용기를 배양토록 권면했다. 반면 증자는 노둔魯鈍했기 때문에 이해가 빠르지 못했지만, 하루에 세 번이나 반성했기 때문에 모든 일을 빠뜨리지 않고 살펴 나중에는 대현大賢의 경지에 이르게 되었다. 치곡 공부는 이렇게 실천하는 것이다. 이러한 '치곡' 공부를 지극하게 하면 누구든지 성인처럼 진실함이라는 성誠을 실현할 수 있다. 이것이 바로 '곡능유성曲能有誠'이다.

2. 성즉형誠則形 : 주희에 의하면, '형形'은 쌓아둔 것이 밖으로 드러남을 의미한다. 즉 치곡 공부가 일정 단계에 이르러 성숙의 경지에 진입하면 밖으로 드러나게 된다. 이때의 드러남은 구체적인 언행뿐만 아니라 풍모 등 모든 행위를 다 포함한다.
3. 형즉저形則著 : 주희에 의하면, '저著'는 "형形에서 한 단계 더욱 빛나게 드러남"[1]이다. 그러나 주희처럼 해석하면 '형'과 '저' 사이에 어떤 특

1 『中庸章句』, "著則又加顯矣."

별한 차이성을 발견하기 어렵다. 따라서 역자는 '형'과 '저'의 차이를 다음과 같이 표현한다.

첫째, '형'은 '성誠'의 축적으로 말미암아 그의 언행과 풍모 등에 도덕적 기상이 나타남을 의미한다.

둘째, '저'는 그것이 더욱 빛나게 발현되어 타인들에게 알려진다는 것을 의미한다.

이것이 바로 행위 주체와 대상과의 첫 교감이다. 그 다음 단계가 바로 감화의 빛[明]이고, 그 다음이 감동[動]이며, 마지막이 교화라는 '변變'과 '화化'이다. 이처럼 어느 한쪽에 편향된 곳에서 힘을 써 노력하면 일보일보 진전되어 결국에는 지극히 진실한 성인과 같은 경지에 도달할 수 있다. 이것이 바로 「20장」에서 말한 "그 성공함에 이르러서는 똑같다"는 뜻이다.

4. 저즉명著則明 : 주희는 '명明'을 "빛의 발산함이 성대하다"[2]로 해설한다. 누구의 빛인가? 바로 덕성을 갖춘 사람이 드러내는 도덕적 기상의 빛남이다.
5. 명즉동明則動 : 주희는 "동動은 진실함[誠]이 사물을 움직일 수 있다는 것이다"[3]라고 해설한다. 덕성의 광명한 빛은 도덕 대상자뿐만 아니라 외계의 어떤 사물에도 영향을 끼쳐 움직이게 할 수 있다.
6. 동즉변動則變 : '변變'에 대하여 주희는 "남이 따라서 변하는 것이다"[4]

---

2 『中庸章句』, "光輝發越之盛也."

3 『中庸章句』, "動者, 誠能動物."

4 『中庸章句』, "變者, 物從而變."

라고 주석했다. 즉 도덕 실천을 통하여 타인을 감동시키면 그가 자신의 교화에 따라서 변하게 된다.

7. 변즉화變則化 : 이곳에서 '화化'는 「22장」의 "자신의 본성을 온전하게 다 실현할 수 있으면…천지의 화육을 도울 수 있다"[5]에서 말한 변화와 화육을 의미하고, 「25장」에서 말한 성물成物을 의미한다. 즉 완성이다. 왕양명은 치양지의 최종단계를 "사사물물로 하여금 마땅히 있어야 할 지위를 얻게 한다[使事事物物得其正所]"라고 했는데, 이곳에서 말하고 있는 '화'가 바로 이것이다.[6]
8. 유천하지지성위능화唯天下之至誠爲能化 : 주희는 '치곡'에서 '화'까지의 전체 과정을 다음과 같이 해설한다.

> 사람의 본성은 같지 않음이 없지만, (품수한) 기에는 서로 다름이 있다. 그렇기 때문에 오로지 성인만이 본성의 전체를 들어서 그것을 다할 수 있다. 그 다음은 반드시 그 선한 단서가 발현되는 한쪽으로부터 미루어 나가 각각 그 지극함으로 나가는 것이다. 한 쪽으로 치우침을 미루어 나가지 않음이 없으면 그 덕도

---

5 『中庸』「22章」, "爲能盡其性…則可以贊天地之化育."

6 역자는 '작품해설'에서 유가철학에서 지향하고 있는 도덕형이상학의 기본 성격을 해설했다. 앞의 「22장」 전체와 이곳 「23장」의 "진실하게 되면 어떤 표현이 있을 것이다[誠則形]"에서부터 "오로지 천하에 지극히 진실한 사람만이 교화시켜 완성할 수 있다[唯天下至誠爲能化]" 그리고 「25장」과 「26장」에서 제시하고 있는 성물成物이 바로 도덕형이상학의 의미와 실현 과정을 가장 명확하게 표현하고 있는 구절들이다.

진실하지 않음이 없게 된다. 그렇게 되면 드러남[形]·밝게 드러남[著]·감동[動]·변화[變]의 공효가 저절로 멈출 수 없게 된다. 쌓아둔 것이 밖으로 드러난 것에서 시작하여 천지만물을 변화시킬 수 있는 경지에 이를 수 있으면 지극한 진실함의 오묘한 작용이 성인과 다르지 않게 된다.[7]

치곡에서부터 '형形'·'저著'·'명明'·'동動'·'변變'·'화化'까지가 성인 이하 사람들이 부분적 가치의 도덕 실천을 통하여 전체로 확장하면서 성인의 경지로 진입하는 전 순서와 과정이다.

---

7 『中庸章句』, "蓋人之性無不同, 而氣則有異. 故惟聖人能擧其性之全體而盡之. 其次則必自其善端發見之偏, 而悉推致之以各造其極也. 曲無不致, 則德無不實, 而形·著·動·變之功自不能已. 積而至於能化, 則其至誠之妙, 亦不異於聖人矣."

제24장
진실한 도를 갖춘 사람은 일이 닥치기 전에 예상하여 알 수 있다[至誠之道, 可以前知].

경문

지극히 진실한 도를 (갖춘 사람은 어떤 일이) 닥치기 전에 미리 예상하여 알 수 있다. 국가가 장차 흥성하려고 하면 반드시 상서로운 조짐이 있다. 국가가 장차 멸망하려고 하면 반드시 요사스러운 흉조가 나타난다. (이러한 조짐들은) 시초점과 거북점에 나타나고, 사람들의 팔과 다리의 움직임에 나타나기도 한다. '화'와 '복'이 장차 이름에 있어 좋은 것도 반드시 먼저 알고, 좋지 않은 것도 반드시 먼저 아니 지극한 진실함은 마치 신과 같다.

至誠之道, 可以前知[1]. 國家將興, 必有禎祥[2]. 國家將亡, 必有妖孼[3]. 見乎著龜[4], 動乎四體[5]. 禍福將至, 善, 必先知之, 不善[6], 必先知之[7], 故至誠如神[8].

역자 해설

1. 지성지도至誠之道, 가이전지可以前知 : 이 구절을 직역하면, '지극히 진실한 도는 어떤 일이 닥치기 전에 미리 예상하여 알 수 있다'고 해야 한다. 만일 이렇게 해석하면 '지극히 진실한 도'가 주어가 되기 때문에 술어부의 내용과 어울리지 않게 된다. 즉 알 수 있는 주체는 사람이지 도가 아니기 때문이다. 따라서 역자는 '지성지도'를 "지극히 진실한 도를 갖춘 사람"으로 번역했다. '전지前知'는 다가올 일을 미리 안다는 의미이다. 일반 사람들은 "지극히 진실한 도를 (갖춘 사람은 어떤 일이) 닥치기 전에 미리 예상하여 알 수 있다"는 구절을 보면서 『중용』을 포함한 동양철학에 대하여 신비주의적 시각을 가질 수도 있을 것이다. '미리 안다[前知]'는 것은 점을 쳐 미래에 닥칠 길흉화복을 미리 예측한다는 것이다. 그러나 이러한 행위는 합리성과 과학성이 결여된 미신에 불과하다. '지극히 진실하다'는 것은 도덕에 관한 일이고, '미리 안다'는 것은 점복占卜에 관한 미신이다. 그런데 이곳에서는 '일의 조짐을 미리 파악하는 일'을 지극히 진실한 도덕적 예지叡智 측면에서 말하고 있다. 이는 '점복'이라는 신비적 일을 도덕적으로 해석한 것이다. 즉 '지극히 진실한 성인은 모르는 바가 없다[無所不知]'는 말을 점복의 일을 소재로 삼아 해설한 것에 불과하다. 이점에 대하여 주희는 다음과 같이 주석한다.

> 오로지 진실함을 지극하게 하고, 마음속에 한 오라기의 사사로움과 거짓이 마음과 눈 사이에 남아 있지 않아야만 그 조짐을 알

수 있다.[1]

주희에 의하면, 마음을 진실하게 하면 조짐을 살펴 알 수 있다고 한다. 그렇다면 조짐은 무엇인가? 조짐에 관하여 북송北宋의 유학자인 주돈이[周敦頤-周濂溪]는 다음과 같이 해설한다.

> 움직였으나 아직 형체가 없어 있음[有]과 없음[無] 사이에 있는 것을 기幾라고 한다.[2]

어떤 일이 마음속에서 발생하여 형상화되려고 하지만, 아직 구체적인 형상으로 드러나지 않은 상태가 바로 '기幾' 즉 조짐이다. 어떤 생각이 일어났지만 아직 구체화되지 않았을 때도 '기'라고 한다. 따라서 이 상태는 아주 조심하지 않으면 알 수 없다. 그러나 지극히 진실한 사람은 이 조짐을 파악할 수 있다. 『중용』에 따르면, 그 희미함을 보고서 드러나는 형체가 무엇인지 알 수 있고, 천하에 발생한 일을 보고서 이후 천하의 흥망을 알 수도 있다. 때문에 성인의 지극한 진실함은 신묘한 것이다. 주돈이는 『통서』「성聖」에서 "성스러움과 신묘함 그리고 조짐을 안다는 이 세 가지를 갖춘 사람을 성인이라고 한다"[3]고 했는데, 이는 곧 『중용』「24장」을 근거로 한 것이다.

---

1 『中庸章句』, "惟誠之至極, 而無一毫私僞留於心目之間者, 乃能有以察其幾焉."

2 『通書』「聖」, "動而無形, 有無之間者, 幾也."

3 『通書』「聖」, "誠神幾, 曰聖人."

2. 정상禎祥 : 상서로운 사물이다. 주희는 "정상은 복의 조짐이다"[4]라고 했다.

3. 요얼妖孽 : 주희는 "요얼은 재앙의 싹이다"[5]라고 했다. 앞의 정상과 이곳의 요얼 모두 조짐 즉 '기幾'이다. 일반 사람들은 정상과 요얼을 단순히 하나의 우연한 사실로만 치부하고서 넘어가지만, 성인은 이러한 현상을 근거로 이후에 전개될 천하의 일을 예측할 수 있다.

4. 현호시귀見乎蓍龜 : '見'은 '현'으로 읽어야 한다. 즉 '드러나다' 혹은 '나타나다'의 의미이다. '시蓍'는 '풀'이지만, 시초점을 가리킨다. '귀龜'는 '거북의 등과 배' 즉 '갑골甲骨'이다. '시귀'는 모두 고대에 점을 칠 때 사용한 도구이다.

5. 동호사체動乎四體 : '팔다리 등 사체에 나타난다.' 정현은 사체를 거북이의 네 다리라고 했지만, 주희는 "(사람의) 동작과 (예법을 행하는) 위의의 사이"[6]라고 주석하면서 "옥을 잡는 것을 높게 하고 낮게 하며, 그 얼굴을 숙이고 쳐드는 것과 같은 것들이다"[7]라는 해석을 첨가했다. 역자는 주희의 해석을 따른다. 『춘추좌전』의 기록에 의하면, 주邾나라 은공隱公이 노魯나라로 조회를 왔는데, 마침 자공子貢이 조회의 상황을 보게 되었다. 은공은 노나라에 옥을 예물로 바쳤는데, 옥을 잡을 때 너무 높게 하여 얼굴이 쳐들어졌고, 노나라의 정공定公은 옥을 받으면서 너무 낮게 하여 얼굴이 너무 숙여졌다. 자공이 이

4 『中庸章句』, "禎祥者, 福之兆."

5 『中庸章句』, "妖孽者, 禍之萌."

6 『中庸章句』, "動作威儀之間."

7 『中庸章句』, "如執玉高卑, 其容俯仰之類."

러한 상황을 보고서 '이는 두 나라 군주가 모두 죽을 조짐이다'라고 했는데, 자공의 예언은 적중했다. 이곳에서 말한 '동호사체'는 바로 이러한 기미를 말한 것이다.

6. 선善과 불선不善 : 이곳에서 말한 선과 불선은 도덕 가치에 관한 평가가 아니라 좋은 일과 좋지 않은 일, 즉 길흉화복을 의미한다. 어떤 조짐을 근거로 길흉화복을 알 수 있다는 것은 한漢 대에 유행했던 재이설災異說과 유사하다. 때문에 혹자들은 이것을 근거로 『중용』이 한 대에 저술되었다고 주장하기도 한다. 그러나 역자가 보기에 재이설과 관련은 있지만, 그것만을 근거로 『중용』을 한 대 작품이라고 단정하기는 어려울 것 같다. 왜냐하면 『논어』「자한」 편에도 "봉황이 오지 않고, 황하에서 하도가 출현하지 않으니 나는 그만이다"[8]라는 구절이 있기 때문이다. 봉황과 하도 역시 조짐이다. 공자 역시 조짐을 근거로 길흉화복을 예언한 것이다. 이로써 보면 이 장은 공자의 말을 근본으로 하고 있음을 알 수 있다.

7. 필선지지必先知之 : 조짐을 보고서 그것이 좋은 일과 나쁜 일의 징조인지 알 수 있다.

8. 지성여신至誠如神 : 주희는 '신은 귀신이다'고 했지만, 오히려 신비주의적 색채만 가중시키는 것 같다. 이곳에서의 신은 단지 성인의 지극한 진실함의 작용이 신묘하여 예측할 수 없음이 마치 천도의 신묘한 작용과 같다는 의미일 뿐이다.

8 『論語』「子罕」, "鳳鳥不至, 河不出圖, 吾已矣."

제25장

진실함은 사물이 스스로 이루어지는 까닭이다 [誠者自成].

❋ 경문 ❋

진실함[誠]이라는 것은 사물이 제 스스로 이루어지는 까닭이고, 도는 제 스스로 행해지는 도리이다. 진실함은 사물을 생성하는 시작과 마침이니, 진실무망하지 않으면 사물은 올바르게 존재할 수 없다. 그러므로 군자는 진실함을 존귀하게 여긴다. 진실함은 자신을 완성하는 것일 뿐만 아니라 사물도 완성하는 원리이다. 자기를 완성하는 것은 인仁의 덕이고, 사물을 완성하는 것은 지知의 덕으로, 이 (두 가지는) 본성에 본래 갖추어져 있는 덕이니 내외를 합치해야 한다. (내외가 합치되면) 수시로 올바름에 합치되어 표현된다.

誠者自成也, 而道自道也[1]. 誠者, 物之終始[2]. 不誠, 無物[3]. 是故君子誠之爲貴[4]. 誠者, 非自成己而已也, 所以成物也[5]. 成己, 仁也. 成物, 知也[6]. 性之德也[7], 合內外之道也[8]. 故時措之宜也[9].

역자 해설

1. 성자자성야誠者自成也, 이도자도야而道自道也 : 주희는 이 구절에 대하여 다음과 같이 주석한다.

> 진실함[誠]은 사물이 제 스스로 이루어지는 것이고, 도는 사람이 마땅히 행해야 함을 말한 것이다. 진실함은 마음[心]으로써 말한 것으로 근본[本]에 해당하고, 도는 리로서 말한 것으로 쓰임[用]에 해당한다.[1]

역자는 주희의 주해에 또 하나의 의미를 추가하여 이 구절을 해설하고자 한다. 왜냐하면 이곳에서 주희는 '성誠'을 성인 생명의 순일무잡純一無雜 혹은 행위의 진실무망眞實無妄의 상태로만 이해할 뿐 사람과 만물을 완성하는 실체로까지는 확장하지 않기 때문이다. 그러나 이 구절 다음에 출현하는 "진실함은 사물을 생성하는 시작과 마침이니, 진실무망하지 않으면 사물은 올바르게 존재할 수 없다"

1 『中庸章句』, "言誠者物之所以自成, 而道者人之所當自行也. 誠以心言,本也. 道以理言, 用也."

는 말을 보면, 진실함이라는 성誠은 분명 진실무망 혹은 순일무잡의 상태이고 성인의 경지이지만, 그것과 함께 만물의 시작과 마침인 실체 의미까지 갖추고 있다. 역자는 '자自' 자에 주목한다. 스스로의 '자'는 그 무엇에 의하여 결정되지 않고 자신이 최후의 원인 그 자체임을 의미한다. '성誠'과 도는 '본本'과 '용用'으로 구별되는 것이 아니라 모두가 근본이면서 작용이고, 작용이면서 근본이다. 즉 성誠이 곧 도이고, 도가 곧 성誠인 것이다. 따라서 이 구절은 "진실함이라는 것은 사물이 제 스스로 이루어지는 까닭이고, 도는 제 스스로 행해지는 도리이다"라고 해석하는 것이 합리적이다.

2. 성자誠者, 물지종시物之終始 : "진실함은 사물을 생성하는 시작과 마침이니, 진실무망하지 않으면 사물은 올바르게 존재할 수 없다." 이 구절은 유가철학에서 지향하는 도덕형이상학 의미를 가장 잘 표현하고 있다. 도덕형이상학[2]은 형이상학의 의미를 도덕 가치로서 규정하는 학술 범주 명칭이다. 형이상학은 존재에 관한 학문이고, 도덕은 가치에 관한 학문이지만, 도덕 가치로서 존재의 의미와 본질을 규정하기 때문에 도덕형이상학이라고 칭한 것이다. 이러한 도덕형이상학은 『중용』에서 그 체계가 본격적으로 드러나기 시작하지만, 공자와 맹자에서 그 싹은 이미 맹아되었다. 공자는 "사람이 살아가는 도리는 정직이다. 정직하지 않으면서도 살아있는 것은 요행히도 죽음을 모면한 것이다"[3]고 말했고, 맹자는 "측은해 하는 마음이 없는 사

2 역자는 『중용』「1장」의 '치중화致中和'에 관한 주해에서 도덕형이상학의 의미를 설명했다.

람은 진정한 사람이라고 할 수 없다"[4]고 했다. 정직하지 않고서도 살아 있을 수 있고, 측은한 마음을 표현하지 않고서도 사람으로 인식될 수는 있다. 그렇지만 공자와 맹자의 의식에 정직하지 않고서도 살아 있는 것은 요행일 뿐이고, 마땅히 측은한 마음을 표현해야 할 때 표현하지 못한 사람은 사람으로서 존재 가치를 상실한 사람이다. 『중용』 역시 마찬가지이다. '성誠'이라는 도덕 의미의 진실함으로서 사물 생성의 시작과 마침을 규정했기 때문에 진실하지 않으면 비록 사실적으로는 존재할 수 있더라도 그것은 결코 존재의 올바른 모습이 아닌 것이다.

3. 불성不誠, 무물無物 : 앞의 해설에 의거하면, '무물無物'은 '존재하지 않는다'가 아니라 '올바르게 존재할 수 없다'는 당위적 해석이 합리적이다. 즉 진실함이라는 성誠이 사물의 존재 근거이기 때문에 진실무망하지 못하면 그 사물의 존재 의미[가치]를 실현하지 못한다. '무물'은 사물의 실재성을 부정한 것이 아니라 그 사물의 존재 가치성을 긍정하지 않는 것이다.
4. 시고군자성지위귀是故君子誠之爲貴 : 군자는 반드시 진실함[誠]을 존귀하게 여긴다. 왜냐하면 '진실함' 그 자체가 바로 자신을 포함한 만물의 존재 근거이기 때문이다. 진실함을 상실하면 곧 존재 의미가 부정되고, 진실함을 회복하면 존재 의미가 긍정된다.
5. 성자誠者, 비자성기이이야非自成己而已也, 소이성물야所以成物也 : 성誠은

3 『論語』「雍也」, "子曰 : 人之生也直, 罔之生也, 幸而免."
4 『孟子』「公孫丑上」, "無惻隱之心, 非人也."

비단 자신의 존재 가치를 실현하여 완성하는 원리일 뿐만 아니라 다른 사람, 더 나아가 사물의 존재 가치도 실현하여 완성하는 원리이다. 앞에서 "진실함이라는 것은 사물이 제 스스로 이루어지는 까닭이다"라고 했다. 성誠을 실현하면 자아완성은 당연히 이루어지고, 동시에 대상에 미쳐 그곳에서 도가 실현되기 때문에 대상 역시 성誠의 실현 범위에 당연히 속하게 된다. 『중용』에서 긍정하는 '성기'가 내성內聖의 활동이라면, '성물'은 외왕外王 범주에 속한 활동이다.[5]

6. 성기成己, 인야仁也. 성물成物, 지야知也 : "자기를 완성하는 것은 인仁의 덕이고, 사물을 완성하는 것은 지知의 덕이다"라고 해석했지만, 성기와 성물을 '인'과 '지'로 나누어 규정한 것은 도덕 실천을 통하여 천지만물과 일체를 이루려고 하는 유가의 '합내외지도合內外之道'와 연계시켜 해설해야만 그 뜻이 온전하게 드러난다. 천지만물일체라는 '합내외지도' 측면에서 보면, 자기를 완성하는 '성기'는 천지만물일체의 시작이고, 타인과 사물의 존재 가치도 완성해주는 '성물'은 완성이다. 주희는 "'인'이라는 것은 체의 간직됨이고, '지'라는 것은 용이 발하는 것이다"[6]라고 주석했지만, 어딘지 자연스럽지 않다. 도덕

5 이곳에서 성기와 성물은 앞 「22장」의 "자신의 본성을 온전하게 다 실현한다"는 진기성盡其性으로부터 "다른 사람의 본성도 온전하게 다 실현시켜줄 수 있다"의 진인지성盡人之性 그리고 "사물의 본성도 온전하게 다 실현시켜 줄 수 있다"의 진물지성盡物之性에 대한 또 다른 표현이다. 이곳에서 비록 성기와 성물을 구분하여 말하고 있지만, 자신의 존재 근거인 본성을 온전하게 실현할 수 있으면, 타인의 본성을 온전하게 실현할 수 있고, 더 나아가 만물의 본성을 실현할 있기 때문에 성기와 성물은 단지 개념적 구분일 뿐이다. 실제로 양자는 하나[性]의 연속적 활동으로 이해해야 한다.

행위의 시작과 완성에서 '인'을 시작 원칙으로, '지'를 완성 원칙으로 삼는다. 이를 존재론에 확장하여 적용한 것에 불과하다.

7. 성지덕야性之德也 : '성기'와 '성물'은 하늘로부터 부여받은 본성에 본래 갖추어져 있는 '본덕本德'이다. 따라서 성기와 성물은 성性의 자아 실현이기 때문에 성기에만 그치고 성물까지 확장되지 않으면 성性의 온전한 실현이라고 말할 수 없다.
8. 합내외지도야合內外之道也 : 『중용』에 의하면, '성기'의 '인'은 내적인 것이고, '성물'의 '지'는 외적인 것이다. 이 모두는 본성이 본래 갖추고 있는 덕이기 때문에 사람들은 도덕 실천을 통하여 '인'과 '지', '내'와 '외'를 합치해야 한다. 이것은 천지만물일체의 또 다른 의미이다.
9. 고시조지의야故時措之宜也 : 앞에서 "진실함은 자신을 완성하는 것일 뿐만 아니라 사물도 완성하는 원리이다. 자기를 완성하는 것은 인仁의 덕이고, 사물을 완성하는 것은 지知의 덕으로, 이 (두 가지는) 본성에 본래 갖추어져 있는 덕이니 내외를 합치해야 한다"고 했다. 성기와 성물은 성誠이라는 진실함이 실현되는 전 과정이고, '인'과 '지'의 두 작용이며, 본성에 본래 갖추어져 있는 덕이다. 이러한 성誠과 '인지仁知' 그리고 성性의 전체 의미를 온전하게 체득하여 간직하고 있으면 행위로 표현될 때마다 성기와 성물, '인'과 '지', 합내외지도로 표현된다. 이것이 바로 "수시로 올바름에 합치하여 표현된다"는 말의 의미이다.

---

6 『中庸章句』, "仁者, 體之存, 知者, 用之發."

제26장

지극히 진실한 사람은 쉼 없이 자신을 실현할 수 있다 [至誠無息].

경문

그러므로 지극히 진실한 사람은 쉼 없이 (자신을) 실현할 수 있다. 쉼 없이 실현하면 오래되어 (쌓이고), 오래되어 쌓이면 (밖으로) 징험이 드러나며, 밖으로 징험이 드러나면 아득히 멀리 펼쳐지고, 아득히 멀리 펼쳐지면 넓으면서도 두텁게 되며, 넓으면서도 두터우면 높고 밝아지게 된다. 넓으면서도 두터우니 천하 만물을 (모두 다) 실을 수 있고, 높고 밝으니 천하 만물을 (모두 다) 덮을 수 있으며, 넓으면서도 오랫동안 펼쳐지니 만물을 완성할 수 있다. 넓으면서도 두터움은 땅의 덕과 어울리고, 높고 밝음은 하늘의 덕과 어울리며, 넓으면서도 오랫동안 펼쳐진다는 것은 끝이 없다는 것이다. 이런 사람은 고의로 보여주지 않아도 스스로 드러나며, 움직이지 않아도 변화되니, 이것이 바로 억지로 하지 않으면서 만물을 완성하는 것이다.

故至誠無息[1]. 不息則久[2], 久則徵[3], 徵則悠遠[4], 悠遠則博厚[5], 博厚則高明[6]. 博厚所以載物[7]也, 高明所以覆物[8]也, 悠久所以成物[9]也. 博厚配地, 高明配天[10], 悠久無疆[11]. 如此者, 不見而章, 不動而變, 無爲而成[12].

역자 해설

1. 지성무식至誠無息 : 지극히 진실한 사람의 마음에는 하나의 사욕도 없기 때문에 마땅히 도덕 가치를 실현해야 할 때 단절됨 없이 인仁과 지知의 덕을 실현하여, 한편으로는 자신의 도덕 인격을 완성[成己]하고, 다른 한편으로는 행위의 대상인 타인과 만물을 완성한다[成物]. 행위의 대상에는 천지만물이 모두 포함되기 때문에 도덕 실천 역정은 무한하다. 따라서 지극히 진실한 성인의 도덕 실천에는 한 차례의 중단도 있을 수 없다. 한 순간이라도 멈춤과 중단이 있다는 것은 곧 마음의 순수한 역동성이 사욕에 의하여 단절되었음을 의미한다. 공자는 『논어』「술이」 편에서 "배움을 싫어하지 않고, 타인을 깨우쳐 주는 것을 게을리 하지 않는다"[1]고 했는데, 이것 역시 '지성무식'의 구체적인 예증이다.
2. 불식즉구不息則久 : 『중용』에서 말한 '불식'은 당연히 도덕 행위의 지

1 『論語』「述而」, "學而不厭, 誨人不倦."

속성[不間斷]을 의미하지만, 『중용』에서는 '불식'을 단순한 도덕 행위에만 제한시키지 않고 천도의 실현과 연계시켜 말한다. 『주역』「계사하」에서는 "천지의 위대한 덕은 생이다"[2]라고 했는데, 『주역』에서의 '생生'이 존재론적인 입장에서 말한 것이라면, 『중용』에서는 '생'을 성기와 성물에 적용하여 한편으로는 자아인격 완성으로 해설하고, 다른 한편으로는 만물의 존재 가치 완성으로 확장하여 가치계와 존재계를 하나의 도덕 실천으로 통합시킨다. 이것이 바로 도덕형이상학이다. '구久'에 대하여 주희는 "구久는 마음의 항상함이고, 징徵은 밖으로 나타남이다"[3]라고 주석했다. 항상은 곧 '중단 없다'는 것인데, 이는 곧 진실함이라는 덕의 오랜 쌓임을 의미한다. 역자는 '구'를 '오랜 쌓임'으로 해석했다. 『논어』「이인」 편에는 "한 끼 식사를 끝낼 만큼의 짧은 시간에라도 인仁을 위배하지 않는 법이니, 황급할 때에도 반드시 인에 의거해야만 하고, 위급할 때에도 반드시 인에 의거하여 행한다"[4]고 했는데, 이것 역시 '구久'에 대한 또 다른 해설이다.

3. 구즉징久則徵 : 밖으로 징험이 드러난다는 뜻이다. 덕행을 끊임없이 실행하면 마음속에는 진실함의 덕이 쌓이고, 그 쌓임은 반드시 밖의 효험으로 드러나 사방에 미치게 된다. 맹자는 공자의 말을 인용하여 "덕의 유행이 파발을 두고 명을 전달하는 것보다 빠르다"[5]고 했는데,

---

2 『周易』「繫辭下」, "天地大德曰生."

3 『中庸章句』, "久, 常於中也. 徵, 驗於外也."

4 『論語』「里仁」, "無終食之間違仁, 造次必於是, 顚沛必於是."

5 『孟子』「公孫丑上」, "孔子曰, 德之流行 速於置郵而傳命."

이것 역시 '구즉징久則徵'의 표현이다.

4. 징즉유원徵則悠遠 : 역자는 '유원'을 "아득히 멀리 펼쳐지다"로 번역했다. '징徵'은 밖으로 드러남의 시작이고, '유원'은 진실한 덕이 아득히 멀리 확장된다는 의미이다. 때문에 뒤에 바로 '넓고도 두텁다[博厚]'는 말이 나온 것이다.

5. 유원즉박후悠遠則博厚 : '박후'는 진실함의 덕이 넓고도 심후하게 쌓여 있다는 의미이다.

6. 박후즉고명博厚則高明 : 이 구절에 대하여 주희는 "아득하게 멀기 때문에 쌓을 수가 있어 넓으면서 두터운 것이다. 넓고 두텁기 때문에 발현함이 높고 광명한 것이다"[6]라고 주석했다. 덕성을 중단 없이 오랫동안 실천하면 그 중에 쌓인 것이 깊고 두텁게 되며, 쌓인 것이 깊고 두텁게 되면 밖으로 발현될 때 높으면서도 밝게 된다. 이것이 바로 덕성 실천의 징험이다.

7. 박후소이재물博厚所以載物 : '재물載物'은 '모든 만물을 짊어져 싣는다'는 의미이다. 누가 이렇게 할 수 있는가? 오로지 땅만이 할 수 있다. 이곳에서도 성인 행위의 진실함과 땅의 넓음을 하나의 도덕계로 통합시킨다.

8. 고명소이부물高明所以覆物 : '부물覆物'은 '모든 만물을 감싸 덮는다'는 의미이다. 누가 이렇게 할 수 있는가? 바로 하늘이다. 하늘의 작용과 성인의 진실함은 동일한 '생생生生'이라는 가치 실현이다.

---

6 『中庸章句』, "悠遠, 故其積也廣博而深厚, 博厚, 故其發也高大而光明."

9. 유구소이성물悠久所以成物 : 역자는 '유구'를 시간적인 의미에만 제한하지 않고 공간적인 의미까지 포함시켜 "넓으면서도 오랫동안 펼쳐지니 만물을 완성할 수 있다"로 해석했다.

10. 박후배지博厚配地, 고명배천高明配天 : '박후'와 '고명'은 땅과 하늘이라는 사실적 존재의 작용을 형용한 것이지만, 실제로는 땅과 하늘의 광대함과 밝음을 빌려 성인의 진실함을 형용한 것이다.

11. 유구무강悠久無疆 : '강疆'은 본래 공간적 의미이다. 그러나 역자는 시간적 의미도 포함시켜 "넓으면서도 오랫동안 펼쳐진다는 것은 끝이 없다는 것이다"로 해석했다.

12. 불현이장不見而章, 부동이변不動而變, 무위이성無爲而成 : '현見'은 '드러나다' 혹 '나타나다'의 '현現'과 동일하다. 주희는 "고의로 보여주지 않아도 드러난다는 것은 '땅의 덕과 어울린다'는 것으로써 말한 것이고, 움직이지 않아도 변화된다는 것은 '하늘의 덕과 어울린다'는 것으로써 말한 것이며, 억지로 하지 않으면서 만물을 완성하는 것은 '끝이 없다는 것'으로써 말한 것이다"[7]라고 주석했다. 그러나 역자는 주희의 주석을 여러 방면으로 분석했지만, 서로 짝을 이루고 있는 구절 사이에 필연적 상관관계를 발견할 수 없었다.

---

7 『中庸章句』, "不見而章, 以配地而言也. 不動而變, 以配天而言也. 無為而成, 以無疆而言也."

경문

천지의 도는 한마디 말로써 다할 수 있다. (천지의 도는) 사물을 이루면서도 순일[誠]하니 만물의 생성함을 짐작할 수 없다. 천지의 도는 넓고 두터우며, 높고 밝으며, 유원하고 끊임이 없다. 지금 하늘은 작은 밝음이 많이 모인 것인데 그것이 무궁함에 이르러서는 해와 달 및 별들이 매여 있고, 만물을 덮고 있다. 이제 땅은 한줌의 흙이 많이 모인 것인데, 그것이 넓고 두텁게 됨에 이르러서는 화악을 짊어지고 있으면서도 무겁게 느껴지지 않고, 하해를 안고 있으면서도 새지 않는다. 만물이 모두 (땅에) 실려 있다. 이제 산은 조그마한 돌이 많이 모인 것인데 그것이 광대함에 이르러서는 초목을 생육하고, 금수가 거처하며, 보물이 나온다. 이제 물은 한 잔의 물이 많이 모인 것인데, 그것이 측량할 수 없을 정도로 많음에 이르러서는 큰 자라와 악어 그리고 교룡과 물고기 및 자라가 살며 재화가 번식한다.

天地之道, 可一言而盡也[1]. 其爲物不貳, 則其生物不測[2]. 天地之道, 博也, 厚也, 高也, 明也, 悠也, 久也[3]. 今夫天, 斯昭昭之多, 及其無窮也, 日月星辰繫焉, 萬物覆焉[4]. 今夫地, 一撮土之多, 及其廣厚, 載華嶽而不重, 振河海而不洩. 萬物載焉[5]. 今夫山, 一卷石之多, 及其廣大, 草木生之, 禽獸居之, 寶藏興焉[6]. 今夫水, 一勺之多, 及其不測, 黿鼉蛟龍魚鼈生焉, 貨財殖焉[7].

역자 해설

1. 천지지도天地之道, 가일언이진야可一言而盡也 : 주희는 "한 마디 말로써 다할 수 있다는 것은 성誠을 말한 것에 불과하다"[8]고 주석했다. 앞에서 천도를 성誠으로 규정했기 때문에 천지만물의 생성변화는 성誠의 연속, 즉 진실함의 부단한 연속인 것이다.
2. 기위물불이其爲物不貳, 즉기생물불측則其生物不測 : '기其'는 천지의 도이고, 위물爲物과 생물生物은 천지의 도가 만물을 이루고 생성하는 작용을 말한 것이다. '불이不貳'는 '순일純一'이다. '불이'는 도의 진실함[誠]이고, '불측不測'은 천지만물을 생성하는 소이연所以然을 알 수 없다는 뜻이다.
3. 박야博也, 후야厚也, 고야高也, 명야明也, 유야悠也, 구야久也 : 성誠을 내용으로 하는 천지의 도가 만물을 이루는 전 과정을 공간과 시간적 측면에서 형용한 것이다.
4. 금부천今夫天, 사소소지다斯昭昭之多, 급기무궁야及其無窮也, 일월성진번언日月星辰繫焉, 만물부언萬物覆焉 : 주희는 "소소昭昭는 반짝거리는 것

8 『中庸章句』, "天地之道, 可一言而盡, 不過曰誠而已."

과 같은 작은 밝음이다. 이는 어느 한 곳을 가리켜 말한 것이다"[9]라고 주석했다. 『중용』「12장」에서 "군자의 도는 단서가 (가장 평상적인) 부부에서 시작되지만, 그 지극함에 이르러서는 천지에 밝게 드러난다"[10]고 했고, 「23장」에서는 치곡致曲을 말했는데, 모두 같은 의미이다. 즉 부분에서 전체로의 확장을 말하고 있다. 다음의 땅과 산 그리고 물의 비유도 동일한 의미를 다른 소재로써 해설한 것에 불과하다.

5. 금부지今夫地, 일촬토지다一撮土之多, 급기광후及其廣厚, 재화악이부중載華嶽而不重, 진하해이불설振河海而不洩, 만물재언萬物載焉 : '촬撮'은 '손으로 쥐다'의 의미이다. '일촬토一撮土'는 한 줌의 흙을 지칭한다. '진振'은 '받아들이다'의 뜻이다. 전체적인 의미는 앞과 동일하다. 이곳에는 화악華嶽이 출현하는데, 혹자는 화산華山, 즉 오악五嶽 중의 하나인 서악西嶽이라고 한다. 고본古本에는 산악山嶽이라고도 되어 있다. 또 혹자는 화華와 악嶽은 모두 산의 명칭으로서 산동성山東省 역성현歷城縣에 있다고 주장하기도 한다. 만일 『중용』이 자사의 작품이라면 화악은 아마 산동성 역성현에 있는 '화'와 '악'일 것이다. 왜냐하면 자사는 노나라 사람이고, 일반적으로 높은 산을 비유로 삼을 때는 자기가 본 것 중에서 하나를 들어 비유하기 때문이다. 그러나 의문이 들기도 한다. 노라나의 지역인 산동성에서는 태산이 가장 높은 산으로 알려져 있다. 태산은 높은 산의 대명사로 사용되었

9 『中庸章句』, "猶耿耿, 小明也. 此指其一處而言之."

10 『中庸』「12章」, "君子之道, 造端乎夫婦, 及其至也, 察乎天地."

다. 그런데 왜 높은 산을 비유로 들면서 가장 많은 사람이 애용하는 태산을 들지 않고 별로 잘 알려지지 않은 '화악'을 비유로 들었을까? 역자는 『중용』 자사 작품설을 신뢰하지 않는다. 따라서 이곳에서의 '화악'은 오악 중의 하나인 서악[陝西省 華山]을 지칭한다고 생각한다.

6. 금부산今夫山, 일권석지다一卷石之多, 급기광대及其廣大, 초목생지草木生之, 금수거지禽獸居之, 보장흥언寶藏興焉 : '권卷'은 '주먹'이다. '일권석一卷石'은 크기가 주먹만한 작은 돌이다. 앞에서 말한 '소소昭昭'·'일촬토一撮土' 그리고 뒤에 나오는 '일작一勺'과 그 의미가 같다.
7. 금부수今夫水, 일작지다一勺之多, 급기불측及其不測, 원타교룡어별생언黿鼉蛟龍魚鼈生焉, 화재식언貨財殖焉 : '작勺'은 술잔이다. '일작一勺'은 한 잔, 즉 적은 양의 물을 뜻한다. '급기불측及其不測'은 물의 깊이를 잴 수 없는 양, 즉 '매우 깊다'는 의미이다. '원黿'은 자라지만 큰 자라를 의미하고, '타鼉'는 악어이며, '교룡蛟龍'은 전설에 등장하는 용의 일종이다. '어별魚鼈'은 물고기와 자라이다.

경문

『시경』에서 말했다. "하늘의 명이 아! 심원하여 그치지 않는구나!" 이는 하늘이 하늘로 될 수 있는 까닭을 말한 것이다. 아! 크게 드러나는구나! 문왕 덕의 순수함이여!" 이는 문왕이 문왕으로 될 수 있는 까닭을 말한 것이다. 순일무잡하여 그침이 없구나!

詩[1]云 : "維天之命, 於穆不已![2]" 蓋曰天之所以爲天也. "於乎不顯, 文王之德之純[3]!" 蓋曰文王之所以爲文也. 純亦不已[4]!

역자 해설

1. 시詩 : 『시경』「주송周頌 · 유천지명維天之命」 편이다.
2. 유천지명維天之命, 오목불이於穆不已 : '유維'는 발어사이고, '오於'는 감탄사이며, '목穆'은 심원하다의 의미이고, '불이不已'는 끊임이 없다, 즉 영원하다의 의미이다. '목'은 공간적인 무한을 의미하고, '불이'는 시간적인 영원을 의미한다. 즉 천명은 무한하면서도 영원한 실체이다.
3. 오호비현於乎不[丕]顯, 문왕지덕지순文王之德之純 : '於'는 '오'로 읽어야 한다. 감탄사이다. '불不'은 '비丕'로서 '크다'는 의미이다. 따라서 '불현不顯'은 '비현丕顯'으로서 '크게 드러나다'의 뜻이다. 주희는 "어찌 드러나지 않겠는가[豈不顯]"라고 주석했다.
4. 순역불이純亦不已 : 문왕의 덕행도 순일무잡하여 중단이 없다. 이곳에서는 천명의 '오목불이' 작용을 문왕의 '순역불이'와 동일시했다. 주희는 정이천의 말을 인용하여 "천도는 멈춤이 없다. 문왕은 오로지 천도에 따랐기 때문에 그의 덕성도 멈춤이 없다. 순일하면 둘도 없

고 잡스러움도 없으며, 멈춤이 없으면 중단과 선후가 없다"[11]고 주석했다. 무한하기 때문에 멈춤이 있을 수 없고, 또 멈춤이 없기 때문에 무한할 수 있다. 천명의 무한과 영원은 사실에 관한 것이고, 문왕의 무한과 영원은 덕행에 관한 것이다. 그러나 『중용』에서는 사실이라는 존재의 본질을 도덕 가치로서 규정하기 때문에 천도의 무한과 영원한 '생생' 활동 역시 하나의 가치인 것이다. 이것과 문왕이 드러낸 덕행의 표현은 동일한 '생생'의 활동이기 때문에 『중용』에서는 천도의 '오목불이'와 문왕의 '순역불이'를 병열시켜 말한 것이다. 이렇게 보면, 천지간에는 두 개의 서로 다른 무한자가 존재하지 않게 된다. 천명에 멈춤이 없음과 문왕 덕성에 멈춤이 없는 것은 동일한 가치 창조의 연속이다. 즉 단지 하나의 성誠의 현현일 뿐이다. 이는 인간 덕성 생명의 순일무잡함에서 성인의 도와 천지의 도가 서로 일치함을 파악한 것이다.

11 『中庸章句』, "天道不已, 文王純於天道, 亦不已. 純則無二無雜, 不已則無間斷先後."

제27장

위대하도다! 성인의 도여![大哉! 聖人之道!]

경문

위대하도다! 성인의 도여! (천지에) 만물을 가득차게 발육시켰으니 그 (공덕의) 높고 큼이 하늘에 합치했구나. 충족하고 여유로우며 위대하구나! (성인이 제정한) 예의는 3백 가지요, 위의는 3천 가지나 된다. (이러한 예의와 위의는) 훌륭한 재능과 덕망을 갖춘 사람이 출현한 후에야 비로소 실행될 수 있다. 그러므로 "지극한 덕을 소유한 사람이 아니면 그 지극한 도가 모이지 않는다"라고 말한 것이다. 그러므로 군자는 덕성을 높이 받들고 학문에 힘을 쏟으며, 광대하게 추구하면서도 정묘함을 다하고, 고명한 경지를 추구하면서도 중용의 도리를 실행한다. 옛것을 근거로 새로운 것을 알며, 마음을 돈독히 하고 예절을 숭상한다. 그러므로 윗자리에 있을 때는 (아랫사람들을) 교만하게 대하지 않고, 아랫사람이 되었을 때는 (윗사람을) 배반하지 않는다. 나라에 올바른 도가 실행되고 있을 때에는 그 말이 족히 흥기하지만, 나라에 올바른 도가 실행되지 않을 때에는 그 침묵이 난세에 족히 수용될 수 있다. 『시경』에서 말했다. "이미 (도리에) 밝고 지혜가 명철하니 자신의 몸을 충분히 보존할 수 있다." 이는 이것을 말한 것이다.

大哉! 聖人之道! 洋洋[1]乎, 發育萬物, 峻[2]極于天. 優優[3]大哉! 禮儀[4]三百, 威儀[5]三千, 待其人而後行[6]. 故曰 : "苟不至德, 至道不凝焉[7]." 故君子尊德性而道問學[8], 致廣大而盡精微[9], 極高明而道中庸[10]. 溫故而知新[11], 敦厚以崇禮[12]. 是故, 居上不驕, 爲下不倍[13]. 國有道, 其言足以興. 國無道, 其默足以容[14]. 詩[15]曰 : "旣明且哲, 以保其身." 其此之謂與[16]!

역자 해설

1. 양양洋洋 : 가득 차 있는 모양을 형용한 것이다.
2. 준峻 : 높고 크다. 주희는 "이것은 도가 지극히 커 밖이 없음을 말한 것이다"[1]라고 주석했다. 『중용』에는 '지극하다' 의미의 '지至' 자가 많이 나오는데, 중국 고대 문헌에 출현하는 '지' 자는 '절대'라는 의미와

1 『中庸章句』, "此言道之極於至大而無外也."

동일하다. 따라서 '지대至大'는 절대적으로 크다, 즉 밖이 없다는 의미이고, '지선至善'은 '절대선'의 의미이다.

3. 우우優優 : 주희는 "충족되어 여유가 있다"[2]라고 주석했다. 앞의 '양양洋洋'과 유사한 의미이다.
4. 예의禮儀 : 예의는 일반적으로 예절의 의미로 사용되지만, '위의威儀'와 함께 쓰일 때는 혼인과 상례 및 제례 같은 불변의 경례經禮를 지칭한다.
5. 위의威儀 : 예의가 불변 성격의 경례라면, 위의는 예의를 행사할 때 복장과 몸가짐 그리고 절차 등에 관한 사소한 곡례曲禮를 지칭한다. 예의와 위의에 관하여 송 대 장재[張載-橫渠]는 다음과 같이 말했다.

> 하늘은 만물을 체현하여 드러내면서 하나의 빠뜨림도 없다. 이는 인仁이 모든 일을 체현하여 드러내면서 있지 않는 곳이 없는 것과 같다. 예의는 3백 가지이고, 위의는 3천 가지이니 어떤 일이라도 인이 아닌 것이 없다.[3]

장재는 『중용』의 성誠을 인仁으로 바꾸어 예의와 위의의 존재 의미를 해설했다. 인심仁心이 충분하게 실현되면 모든 사물에 편재되어 어느 한 사물이라도 인심의 보조普照 속에 놓여 있지 않음이 없게

2 『中庸章句』, "充足有餘之意."

3 『正夢』「天道篇」, "天體物不遺, 猶仁體事無不在也. 禮儀三百, 威儀三千, 無一物而非仁也."

된다. 3백 가지 예의와 3천 가지 위의는 인심이 실현됨에 있어서 합당한 형식과 절차 그리고 의식이다.

6. 대기인이후행待其人而後行 : 주희는 이 구절에 대하여 "위의 두 구절을 결론지은 것이다"[4]라고 주석했다. 주희의 견해에 따르면, 이곳에서의 '그 사람[其人]'은 앞에서 말한 '천지에 만물을 가득 차게 발육시켜 그 공덕의 높고 큼이 하늘에 합치했고, 충족하고 여유로우면서 위대하며, 3백 가지의 예의와 3천 가지의 위의를 제정한 성인'을 가리킨다.

7. 구부지덕苟不至德, 지도불응언至道不凝焉 : 이곳에서 '지덕至德'은 두 가지로 해석할 수 있다. 하나는 '지극한 덕'이다. 다른 하나는 '지극한 덕을 소유한 사람'이다. 역자는 주희의 주석에 따라 지극한 덕을 소유한 사람으로 해석했다. 주희는 "지덕은 그 사람을 말하고, 지도는 위의 두 구절을 가리켜 말한 것이다. 응凝은 모여 이루어짐을 말한 것이다"[5]라고 주석했다. 『주역』에서는 "만일 역의 도리를 독실하게 믿는 사람이 아니면 도 역시 허행하지 않는다"[6]고 했는데, 이 구절과 같은 뜻이다.

8. 존덕성이도문학尊德性而道問學 : 주희에 따르면, "덕성을 높이 받든다는 것은 순수한 마음을 간직하여 도체의 위대함과 합치하는 것이고, 학문에 힘을 쓴다는 것은 지식을 확충하여 도체의 미세함을 다하는 것

---

4 『中庸章句』, "總結上兩節."

5 『中庸章句』, "至德謂其人. 至道指上兩節而言也. 凝, 聚也, 成也."

6 『周易』「繫辭下」, "苟非其人, 道不虛行."

이다. 이 두 가지는 덕성을 수양하고 도를 모으는 큰 단서이다."[7] 역자는 『중용』에 출현하는 존덕성과 도문학의 의미를 '덕성을 높이 받들고 학문에 힘을 쏟는다'로 해석했다. 이렇게 번역해도 별다른 문제가 발생하지 않는다. 그런데 존덕성과 도문학은 남송 시대에 이르러 뜻하지 않게 주희와 육구연 논변의 핵심 주제로 부상되었고, 주희에 의하여 도문학은 주희철학의 강점으로, 존덕성은 육구연철학의 장점으로 분류되기도 했다. 역자는 이러한 의미 부여는 주희의 해석일 뿐 『중용』의 본래 의미와 본질적 관계는 없다고 생각한다. 주희와 육구연 사이에 전개된 주륙지변朱陸之辨은 다음의 몇 가지 주제로 진행되었다.

첫째, 성즉리性卽理와 심즉리心卽理.

둘째, 격물치지格物致知와 발명본심發明本心.

셋째, 존덕성과 도문학.

넷째, 태극도설太極圖說에 나타난 무극無極과 태극太極의 관계[無極而太極].

다섯째, 이단.

이 중에서 성즉리와 심즉리는 심과 성에 대한 두 학자의 인식 차이이고, 격물치지와 발명본심은 공부론에 관한 것이다. 심성론에서 심

7 『中庸章句』, "尊德性, 所以存心而極乎道體之大也. 道問學, 所以致知而盡乎道體之細也. 二者修德凝道之大端也."

즉리를 부정하고 성즉리만을 긍정했다면 격물치지를 공부의 본령本領으로 삼을 수밖에 없고, 육구연처럼 심즉리를 긍정하면 발명본심의 공부론을 취할 수밖에 없다. 즉 공부론은 이미 심성론에서 결정된 것이다. 이후에 공부론을 소재로 하여 주희와 육구연 사이에 논쟁이 발생했는데, 주희는 육구연의 발명본심에 대하여 '지나치게 간단하다[太簡]'고 비난했고, 육구연은 주희의 격물치지를 '지리하다[支離]'[8]고 비평했다. 또 주희는 자신의 학문은 도문학적 성격이 강하고, 육구연의 학문은 존덕성 측면이 우월하기 때문에 두 사람 학문에서 장점을 합하고 단점을 버려 종합하자는 제안을 하지만, 육구연은 '존덕성도 모르는 사람[주희]이 도문학을 어찌 논할 수 있겠는가'라고 하면서 단박에 거절한다. 또 주돈이의 태극도설에 나타난 무극과 태극의 관계에 대해서도 이견이 발생했는데, 주희는 무극과 태극을 일자의 두 가지 의미로 보았지만, 육구연은 무극을 태극의 상위 개념으로 이해하여 도가의 산물로 규정했다. 주희에 의하면, 태극은 실체를 나타내는 개념이고, 무극은 위대하고 지고지선한 실체인 태극을 형용하는 개념이다. 그러나 육구연은 무극과 태극을 노자의 '유는 무로부터 생성된다'는 유생어무有生於無로 이해했다.

9. 치광대이진정미致廣大而盡精微 : '치광대致廣大'가 양적으로의 확장을 의미한다면, '진정미盡精微'는 질적인 순일純一을 다한다는 의미이다. 즉 한편으로는 상하좌우 무한의 영역으로 진실함[誠]을 실현하고, 다른

---

8 '지리'는 지리멸렬하다는 의미가 아니라 유학의 성인들이 제시한 도덕과 본질적 관련이 없다는 불상간不相干의 의미이다.

한편으로는 털끝만큼의 사욕도 끼지 않게 하여 생명을 진실무망하게 해야 한다.

10. 극고명이도중용極高明而道中庸 : '지극히 고명한 경지를 추구하면서도 중용의 도리를 행한다'는 말은 매우 중요한 의미를 갖고 있다. 지극히 고명한 경지만을 추구하면 자칫 도는 현실과 격리되어 하나의 추상적인 허환虛幻의 경지로만 인식될 수 있다. 때문에 『중용』에서는 한편으로는 고명한 경지를 추구한다는 것을 말하면서, 다른 한편으로는 평상과 치우치지 않은 중용의 도리를 강조하여 성인의 도가 결코 현실과 격리된 추상적 경지가 아님을 나타내고 있다.

11. 온고이지신溫故而知新 : 주희는 '온고溫故'를 "이미 아는 바를 함양한다"[9]라고 주석했다. 그렇다면 온고이지신은 '이미 알고 있는 지식을 더욱 확대하고 정미하게 하면서 그것을 근거로 새로운 지식의 세계를 연다'는 의미로 이해해야 할 것 같다.

12. 돈후이숭례敦厚以崇禮 : 역자는 이 구절을 "마음을 돈독히 하고 예절을 숭상한다"로 번역했다. 그러나 앞의 세 구절[致廣大而盡精微, 極高明而道中庸. 溫故而知新]과 달리 '마음의 돈독함과 예절의 숭상함' 사이에 어떤 유기적 관련을 찾기가 어려웠다. 그런데 주희는 이 단락에 대한 주석에서 '존덕성이도문학尊德性而道問學, 치광대이진정미致廣大而盡精微, 극고명이도중용極高明而道中庸. 온고이지신溫故而知新, 돈후이숭례敦厚以崇禮" 이상 다섯 구절을 존심存心과 치지致知로 나누

9 『中庸章句』, "涵泳乎其所已知."

어 해설했는데, 참고할 가치가 있다고 생각한다. 주희는 먼저 존덕성과 도문학을 "덕성을 수양하고 도를 모으는 큰 단서이다"[10]라고 규정하고, 이후 네 구절을 존심과 치지로 구별하여 해설한다. 먼저 "광대하게 추구한다[致廣大]"는 "사사로움에 의해 막힘을 없게 하는 것이고"[11], "고명한 경지를 추구한다[極高明]"는 "사사로움에 억매이지 않는 것이며"[12], "옛것을 잊지 않는다[溫故]"는 "이미 알고 있는 바를 함양하는 것이고"[13], "마음을 돈독히 한다[敦厚]"는 "이미 할 수 있는 바를 더욱 돈독히 하는 것으로"[14], 이상의 것들은 "모두 마음을 간직하는 것에 관한 공부이다"[15]라고 했다. "정묘함을 다한다[盡精微]"는 "도리를 분석함에 털끝만큼의 잘못이 없게 한다는 것이고"[16], "중용의 도리를 실행한다[道中庸]"는 "일을 처리함에 있어 지나침과 부족함의 잘못이 없게 한다는 것이며"[17], "새로운 것을 안다[知新]"는 "의리는 날마다 알지 못한 바를 알게 한다는 것이고"[18], "예절을 숭상한다[崇禮]"는 "절문은 날마다 근신하지 못한 바를 근신한다는 것으로"[19], 이상의 것들은 "지식을 확충하는 것에 관한 일

10 『中庸章句』, "修德凝道之大端也."
11 『中庸章句』, "不以一毫私意自蔽."
12 『中庸章句』, "不以一毫私慾自累."
13 『中庸章句』, "涵泳乎其所已知."
14 『中庸章句』, "敦篤乎其所已能."
15 『中庸章句』, "此皆存心之屬也."
16 『中庸章句』, "析理則不使有毫釐之差."
17 『中庸章句』, "處事則不使有過不及之謬."
18 『中庸章句』, "理義則日知其所未知."

이다"[20]라고 했다. 이상의 해설은 주희의 주관적 견해이기 때문에 『중용』의 본의와 합치하지 않을 가능성은 얼마든지 있다. 그러나 존심과 치지로 분류하여 '존덕성이도문학' 이후 네 구절을 상호 유기적으로 해설했다는 점은 주희만의 탁월한 분석이라고 평가할 수 있다.

13. 배倍 : 배반하다의 '배背'와 동일한 의미이다. 고대에는 한자의 발음[중국어 발음]이 동일하면 같은 의미로 사용하기도 한다.

예 : 사舍와 사捨[舍生取義와 捨生取義], 유有와 우又[중국어 발음이 you로 동일함].

14. 국유도國有道, 기언족이흥其言足以興. 국무도國無道, 기묵족이용其默足以容 : 원래 도에서는 있음[有]과 없음[無]을 말할 수 없다. 오직 숨음[隱沒]과 드러남[顯現]의 차이만이 있을 뿐이다. 따라서 나라에 도가 실현되면 지극한 덕을 가진 사람은 그에 상응한 지위를 얻어 도를 실현할 수 있다. 반면 나라에 도가 부재할 경우 성현은 그에 상응한 지위를 얻을 수 없기 때문에 도는 잠시 동안 은몰하지만 결코 사라지지는 않는다. 이것이 바로 "나라에 올바른 도가 실행되지 않을 때에는 그 침묵이 족히 수용될 수 있다"는 말의 의미이다.

15. 시詩 : 『시경』「대아大雅 · 증민烝民」편이다.

16. 기명차철旣明且哲, 이보기신以保其身 : 이미 도리에 밝고 지혜가 많으니 자신의 몸을 충분히 보존할 수 있다. 이곳에서 '보기신保其身'의

---

19 『中庸章句』, "節文則日謹其所未謹."

20 『中庸章句』, "此皆致知之屬也."

해설에 주의해야 한다. '신身'은 몸으로서 당연히 육체 생명을 지칭하기도 하지만, 이곳에서는 육체생명이라는 협의적 의미에 제한되지 않는다. '보기신'은 앞의 "나라에 도가 없을 때에는 그 침묵이 족히 수용될 수 있다"가 실제 의미이다. 생명이 명철하기 때문에 진퇴進退를 현명하게 결정할 수 있고, 나라에 도가 있을 때와 없을 때에 그 처신을 올바르게 할 수 있는 것이다.

제28장

어리석으면서도 자기 의견만을 고집하기를 좋아하는 사람[愚而好自用].

경문

공자가 말했다. "어리석으면서도 자기 의견만을 고집하기를 좋아하는 사람, (신분이) 낮으면서 전횡을 좋아하는 사람, 지금 세상에 살면서 옛날의 도를 복원하여 따르려고 하는 사람, 이러한 사람들은 재앙이 그 몸에 미칠 것이다."

子曰 : "愚而好自用[1], 賤而好自專[2], 生乎今之世, 反古之道[3], 如此者, 烖[4]及其身者也."

역자 해설

1. 우이호자용愚而好自用 : '우愚'는 '어리석다'의 뜻이다. 그러나 가치중립적인 지식의 우매함을 의미하는 것이 아니라 앞 「27장」의 '존덕

성과 도문학'을 겸비한 성인과 반대적 인격 소유자를 지칭한다. '자용自用'은 '재능을 갖추고 있지 않음에도 불구하고 한갓된 자기의 능력만을 믿고 타인의 충고와 견해를 존중하지 않는다'는 뜻이다. 즉 자기 고집만을 우기면서 독선적으로 일을 처리하는 사람이다. '어리석다[愚]'와 '자기의 의견만을 고집한다[自用]' 사이에는 상관관계가 존재한다. 즉 어리석기 때문에 자기의 의견만을 고집하는 것이고, 자기의 의견만을 고집하기 때문에 어리석은 사람이다. 서로가 서로의 원인이면서 결과이다.

2. 천이호자전賤而好自專 : '천賤'은 천박의 의미보다는 신분이 낮다고 해석하는 것이 타당하다. 왜냐하면 뒤에 "천자가 아니면 예의를 입안하지 않는다[非天子不議禮]"는 구절이 나오기 때문에 '천'은 '신분이 낮다'로 해석하는 것이 합리적이다. '자전自專'은 자신의 지위와 신분에 합당하지 않은 일을 함부로 하는 사람이다.
3. 생호금지세生乎今之世, 반고지도反古之道 : 이에 관해서는 두 가지 해석이 있다. 하나는 '반反'을 '복復'으로 해석하는 것이다. 주희가 대표자이다. 그렇다면 '반고지도'는 복고의 의미이다. 다른 하나는 '위반한다'는 의미이다. 그렇다면 '옛날의 도를 위반한다'로 해석해야 한다. 역자는 '회복하다'의 '복' 자로 해석하는 것이 타당하다고 생각된다. '위반하다'로 해석하면 다음과 같이 번역해야 한다.

> 어리석으면서도 자기 의견만을 고집하기를 좋아하는 사람, (신분이) 낮으면서 전횡을 좋아하는 사람, 지금 세상에 살면서 옛

날의 도를 위반하는 사람.

'어리석으면서도 자기 의견만을 고집하기를 좋아하는 사람, 신분이 낮으면서 전횡을 좋아하는 사람'이 곧 옛날의 도를 위반한 사람인데, 또 다시 '옛 성인의 도를 위반하는 사람'이라는 말이 출현해야 할까? 이 세 구절은 서로 다른 행태를 예로 들어 중용의 도리와 부합하지 않음을 설명한 것이다. '회복하다'의 '복'의 해석해보자. 이 장 마지막에 "나는 주나라 예법을 배웠는데 지금 이것을 사용하고 있으니 주나라 예를 따르고자 한다[吾學周禮, 今用之, 吾從周]"는 구절이 나온다. 이는 주나라와 은나라 그리고 하나라 사이에 시간적 차이가 존재하지만 은왕조가 하왕조의 예법을 계승했고, 주왕조는 은왕조의 예법을 전승했기 때문에 주왕조의 예법을 따르는 것은 곧 은왕조와 하왕조의 예법을 실행하는 것과 같다는 의미이다. 그럼에도 불구하고 주왕조의 예법을 따르지 않고 은왕조와 하왕조의 예법만을 따르려고 한다면 이것이야 말로 '지금 세상에 살면서 고증하기 어려운 옛날의 도를 복원하여 따르려고 하는 우매한 사람일 것이다.'

4. 재災 : 죽음의 의미를 포함한 모든 재앙을 의미한다.

경문

천자가 아니면 예의를 입안하지 않아야 하고, 제도에 관한 옳고 그름을 논하지 않아야 하며, 문자를 고증하여 교정하지 않아야 한다. 지금 천하에는 수레바퀴의 크기가 서로 동일하게 되었고, 글의 문자가 서로 같게 되었으며, 예법이 서로 동일하게 되었다. 비록 천자의 자리에 있지만 성인의 덕성을 갖추고 있지 않으면 감히 예악을 제정하지 못하고, 비록 성인의 덕성을 갖추고 있다고 할지라도 그 천자의 지위에 있지 않으면 역시 예악을 제정하지 못한다.

非天子不議禮[1], 不制度[2], 不考文[3]. 今天下, 車同軌[4], 書同文[5], 行同倫[6]. 雖有其位, 苟無其德, 不敢作禮樂焉. 雖有其德, 苟無其位, 亦不敢作禮樂焉[7].

역자 해설

1. 비천자불의례非天子不議禮 : 주희는 이 세 구절이 자사의 말이라고 주장했고, 정현은 공자의 말이라고 주장했다. 이에 관한 정론은 없다. 예의는 본래 어떤 일부의 사람과 일부의 집단에게만 유효하게 적용되어서는 안 된다. 천하 모든 사람들에게 보편적으로 적용되어야 한다. 그래야만 천하 사람들이 그 예의를 준수하며 따른다. 천하의 이익과 질서를 고려하는 사람이 누구인가? 바로 천자이다. 따라서 오로지 천자만이 예의를 입안할 수 있다. 『논어』「계씨」에 다음과 같은

말이 수록되어 있다.

> 공자가 말했다. "천하에 올바른 도가 실행되고 있으면 예악과 군사 행동이 천자에 의하여 결정된다. 천하에 올바른 도가 실행되고 있지 않으면 예악과 군사 행동이 제후에 의하여 결정된다. (이런 중요한 사항들이) 제후에 의하여 결정되면 대개 10대 이내에 망하지 않는 경우가 드물다. (이러한 중요한 사항들이) 대부들에 의하여 결정되면 5대 이내에 망하지 않는 경우가 드물다. 대부의 가신이 국가의 명령을 집행하면 3대 이내에 망하지 않는 경우가 드물다. 천하에 도가 시행되고 있으면 정사가 대부들에 의해서 결정되지 않고, 천하에 도가 시행되고 있으면 일반 백성들이 국정에 대하여 이렇다 저렇다 비난하지 않는다.[1]

공자가 말한 '예악정벌禮樂征伐'은 '예의법도를 정하고 육례를 지으며, 병사를 동원하고 작전을 지휘하여 토벌하는 일을 가리킨다.' 이러한 중요한 일은 모두 천자에 의하여 제정되고 결정된다. 그런데 춘추시대에는 패자인 제후들에 의하여 예악과 전쟁이 결정되었다. 전국시대에는 대부와 그 가신들에 의하여 예악과 전쟁이 좌지우지되었다. 비록 공자가 10대와 5대 그리고 3대 이내에 멸망하지 않는

1 『論語』「季氏」, "孔子曰, 天下有道則禮樂征伐, 自天子出. 天下無道則禮樂征伐, 自諸侯出. 自諸侯出, 蓋十世希不失矣. 自大夫出, 五世希不失矣. 陪臣執國命, 三世希不失矣. 天下有道, 則政不在大夫. 天下有道, 則庶人不議."

경우가 드물다고 했지만, 이는 부당성을 강조한 것일 뿐 역사적 사실로 증명된 것은 아니다. 공자의 주지主旨는 명분이 올바르게 서지 않음을 강조한 것일 뿐이다. 공자는 "명분이 바르지 못하면 언론이 순조롭지 못하고, 언론이 순조롭지 못하면 사업을 성취할 수 없으며, 사업을 성취하지 못하면 예와 악이 흥기하지 못하고, 예와 악이 흥기하지 못하면 형벌이 올바르게 집행되지 못하며, 형벌이 올바르게 집행되지 못하면 백성들은 손과 발을 제대로 사용할 수 없게 된다"[2] 고 했다. 공자가 말한 "백성들이 손과 발을 제대로 사용할 수 없게 된다"는 것은 명분이 없는 일은 천하 만민에게 유효하게 적용될 수 없음을 말한 것이다.

2. 부제도不制度 : 제도 역시 예의와 마찬가지로 천하 모든 사람들에게 공통적으로 적용되는 것이다. 따라서 오로지 천자만이 제도의 옳고 그름을 논할 수 있다.
3. 불고문不考文 : 문자 역시 동일한 형식으로 천하 만민이 사용하는 것이다. 따라서 문자를 고증하여 잘못된 것이 있으면 교정할 수 있는 권리는 오로지 천자만이 가질 수 있는 것이다. 이는 천자가 직접 제도의 합리성과 문자를 고증한다는 것이 아니라 천자의 명령에 의해서만 그것이 이루어지고 결정된다는 의미이다.
4. 차동궤車同軌 : 일반적으로 도형량과 수레바퀴 크기의 통일은 진의 중국 통일과 함께 본격적으로 시행되었다고 한다. 혹자는 이미 진행되

---

2 『論語』「子路」, "名不正則言不順, 言不順則事不成, 事不成則禮樂不興, 禮樂不興則刑罰不中, 刑罰不中則民無所措手足."

고 있었던 것이 진 왕조에서 통일적으로 시행되었다고도 한다. '차車'는 수레이고, '궤軌'는 수레바퀴의 칫수이다. '동궤同軌'는 수레바퀴 크기가 동일하게 되었다는 것이다. 이 문장만을 보면, 『중용』이 진대秦代 이후 즉 한 대에 이루어진 작품이라는 주장이 맞는 것 같다.

5. 서동문書同文 : 서책에 쓰인 글자가 통일되었다. '차동궤'와 마찬가지로 중국에서 문자의 통일은 진왕조 시기에 종합적이고 전면적으로 시행되었다.
6. 행동륜行同倫 : 예절과 의문儀文 그리고 행동의 규범이 서로 동일하게 되었다.
7. 수유기위雖有其位, 구무기덕苟無其德, 불감작예악언不敢作禮樂焉, 수유기덕雖有其德, 구무기위苟無其位, 역불감작예악언亦不敢作禮樂焉 : 정현은 "예악을 입안하는 것은 반드시 성인이 천자의 지위에 있어야 함을 말한 것이다"[3]라고 말했다. 예악을 입안할 수 있는 필요충분조건은 성인의 품덕과 천자의 지위를 모두 갖춘 경우이다. 『중용』에 따른다면, 문왕과 무왕 이후 예악 결정은 모두 불완전한 것이고, 정당성 역시 갖추지 못한 것이다. 주공이 비록 주문周文을 제정했지만, 주공은 천자가 아니었고, 공자 역시 성인의 품덕은 완비했지만 그 역시 천자가 아니었다. 정치가가 품덕[德]과 재능[才]을 함께 구비해야하는 것처럼 예악을 입안하려면 품덕과 함께 지위[天子]도 갖추어야 한다.

3 『禮記注疏』「卷52. 中庸」, "言作禮樂者, 必聖人在天子之位."

❈ 경문 ❈

공자가 말했다. "하왕조의 예법을 말할 수 있으나 (하왕조의 후대인) 기 나라에서 (행해진 예법으로는 하왕조 예법을 명확하게) 증명할 수 없다. 나는 은나라 예법을 배웠지만 (은의 후대인) 송나라에서만 보존되고 있을 뿐이다. (송나라의 예법으로는 은의 예법을 증명하기 부족하다). 나는 주나라 예법을 배웠고 지금 이것을 사용하고 있으니 주나라 예를 따르고자 한다."

子曰 : "吾說夏禮[1], 杞不足徵[2]也. 吾學殷禮, 有宋存焉[3]. 吾學周禮, 今用之[4], 吾從周[5]."

역자 해설

1. 오설하례吾說夏禮 : '說'을 좋아하다의 '열悅'로 해석하기도 한다. 그러나 이 구절은 『논어』「팔일八佾」과 「위정爲政」 편에 있는 다음 세 문장을 합해 놓은 것이기 때문에 '말하다'로 해석해야 한다. 즉 하나라 예법의 강령綱領과 대의大意를 말할 수 있다는 뜻이다.

공자가 말했다. "하나라의 예법을 말할 수는 있으나 기나라의

> 예법으로서는 증명하기 부족하다. 은나라의 예법을 말할 수 있지만 송나라의 예법으로서는 증명하기 어렵다. 문헌이 부족하기 때문이다. 문헌이 충분하다면 내가 하나라와 은나라의 예법을 충분히 증명할 수 있다."[4]

> 공자가 말했다. "하와 은 두 왕조의 (문물과 제도를) 살펴보았는데, 찬란하구나! 그 문채여. (주왕조가 이 두 문화를 계승했기 때문에) 나는 주나라의 문을 따르고자 한다."[5]

> 자장이 물었다. "이후에 등장할 열 왕조의 일을 미리 알 수 있습니까?" 공자가 말했다. "은나라는 하나라의 (문물과 전장 제도를) 본받아 따랐으니 빼고 더하면 알 수 있다. 주나라는 은나라의 (문물과 전장 제도를) 본받아 따랐으니 빼고 더하면 알 수 있다. 혹시라도 주나라의 (문물과 전장 제도를) 계승하는 자가 있다면 백 대 후라도 알 수 있을 것이다."[6]

하나라와 은나라 그리고 주나라 예법의 강령과 대의는 동일한 것이다. 단지 그 시대정신의 차이로 말미암아 다르게 표현되었을 뿐

---

4 『論語』「八佾」, "子曰 : 夏禮, 吾能言之, 杞不足徵也. 殷禮, 吾能言之, 宋不足徵也. 文獻不足故也. 足則吾能徵之矣."

5 『論語』「八佾」, "子曰 : 周監於二代, 郁郁乎文哉, 吾從周."

6 『論語』「爲政」, "子張問 : '十世可知也?' 子曰 : '殷因於夏禮, 所損益可知也. 周因於殷禮, 所損益可知也. 其或繼周者, 雖百世可知也.'"

이다. 따라서 주나라 예법의 본질을 장악하고 있으면 그것을 근거로 은왕조와 하왕조 예법의 강령과 대의를 충분히 파악할 수 있다. 그러나 현존하는 주왕조의 예법을 근거로 삼지 않고 은왕조와 하왕조의 예법과 문화를 고증하려고 하면 문헌이 부족하기 때문에 고증할 수 없다. 공자는 기나라는 하왕조의 후예이고, 송나라는 은왕조의 후예이지만, 그들의 전승이 불완전하기 때문에 증거로 삼기에는 부족하다고 했다. 지금 주나라의 문화와 예법은 주공에 의하여 정비된 것으로, 위로 은왕조와 하왕조의 찬란했던 문화를 계승한 것이고, 또 지금 시대에 통용되고 있기 때문에 주왕조의 문화와 예법을 따르고, 그것을 근거로 하와 은의 문화를 미루어 짐작하겠다는 것이다.

2. 기부족징杞不足徵 : 기杞나라가 비록 하왕조의 후예이지만, 하왕조의 찬란한 문화 정수를 계승하지 못했기 때문에 그것을 증거로 삼아 하왕조의 문화를 짐작할 수 없다.
3. 유송존언有宋存焉 : 이 구절만을 보면 "송나라가 있어 참고할 수 있다"로 해야 한다. 그러나 『논어』「팔일」에는 "宋不足徵也"라고 되어 있다. 따라서 위의 "杞不足徵"과 마찬가지로 비록 송나라가 은왕조의 후예이지만 은왕조의 문화 생명을 온전하게 전승하지 못했다고 번역하는 것이 타당하다. 『사기』에는 자사가 송나라에 거주하면서 『중용』을 지었다는 기록이 있는데, 혹시 이 단락을 근거로 송인에 의하여 개작되었다는 설이 있게 된 것은 아닌지 모르겠다.
4. 금용지今用之 : 지금까지 사용하고 있다.

5. 오종주吾從周 : '종주從周'는 주나라의 예법에 대하여 동의하고 따른다는 의미이다. 왜 공자는 주왕조의 예법을 긍정하는가? 공자는 주나라의 예의 문화가 은왕조와 하왕조 시대에 유효하게 적용되었던 문화와 제도를 올바르게 전승했다고 생각한 것 같다. 이 구절에 대하여 주희는 "공자가 (천자의) 지위를 얻지 못했기 때문에 주나라 예법을 따를 뿐이다"[7]라고 주석했다. 그렇다면 혹시 공자가 천자의 지위를 얻었다면 주공에 의하여 정립된 주의 문화와 예법에 대해서도 증감增減과 손익損益을 했을까? 역자는 공자가 천자의 지위를 얻었다면 당연히 인혁因革, 즉 '온고이지신'을 했을 것이라고 생각한다.

7 『中庸章句』, "孔子旣不得位, 則從周而已."

제29장

천하를 다스림에는 세 가지 중요한 원칙이 있다 [王天下有三重].

경문

천하를 다스림에는 세 가지 중요한 원칙이 있으니, (이 세 가지 원칙을 잘 실행하면) 과실이 적을 것이다. (요임금과 순임금 그리고 하나라와 은나라의) 상고 시대 것들은 비록 좋을지라도 (오래되어 그것을) 증명할 수 없다. 고증할 수 없으면 (백성들이) 신뢰하지 않으며, (백성들이) 신뢰하지 않으니 백성들이 따르지 않는다. (성인의 품덕을 갖추었지만) 지위가 아래인 사람은 비록 (예법에) 밝다고 할지라도 (지위가) 높지 않고, (지위가) 높지 않으면 신뢰하지 않으며, 신뢰하지 않으니 백성들이 따르지 않는다.

王天下有三重[1]焉, 其寡過矣乎! 上焉者, 雖善無徵[2]. 無徵不信, 不信民弗從[3]. 下焉者,雖善不尊, 不尊不信, 不信民弗從[4].

역자 해설

1. 왕천하유삼중王天下有三重 : '왕천하王天下'는 '천하에 왕 노릇하다'는 것으로, 천하를 통치한다는 의미이다. '삼중三重'은 세 가지 중요한 항목이고, 원칙이다. 주희는 여대림呂大臨의 말을 인용하여 "세 가지 중요한 원칙은 예를 입안하고, 제도를 제정하며, 문자를 고증하여 교정하는 것이다. (이 세 가지 원칙을) 오로지 천자만이 실행할 수 있게 하면, 나라에는 정사가 다르지 않게 되고, 집안에는 풍속이 다르지 않게 되어 사람들의 허물이 적게 될 것이다"[1]고 했다. 이 세 가지 원칙은 「28장」의 "천자가 아니면 예의를 입안하지 않아야 하고, 제도에 관한 옳고 그름을 논하지 않아야 하며, 문자를 고증하여 교정하지 않아야 한다"[2]를 근거로 말한 것이다.
2. 상언자上焉者, 수선무징雖善無徵 : '상上'은 현 왕조 이전, 요순堯舜과 하夏 및 상[商-殷]의 예의전장禮儀典章 제도 등을 가리킨다. 이것은 비록 좋다고 할지라도 고증할 방법이 없다. 이때 '상上' 자는 시간을 지칭하는 것이다. 이러한 『중용』의 입장은 순자의 법후왕法後王과 일치한다. 일반적으로 맹자는 선왕[요순]의 예의와 제도를 존중하고[法先王], 순자는 문왕과 무왕[後王]의 예의와 제도를 본받는다[法後王]고 하지만, 이에 대해서는 일단의 해설이 필요하다. 맹자가 법선왕, 그리고 순자가 법후왕을 강조했다는 것은 틀리지 않다. 그러나

1 『中庸章句』, "三重, 謂議禮, 制度, 考文. 惟天子得以行之, 則國不異政, 家不殊俗, 而人得寡過矣."

2 『中庸』「28章」, "非天子不議禮, 不制度, 不考文."

맹자와 순자가 오로지 법선왕과 법후왕만을 주장했는가? 결코 그렇지 않다. 맹자와 순자는 선왕의 도리와 후왕의 도리를 함께 중시한다. 단지 맹자가 선왕의 도리를 더욱 강조했을 뿐이고, 순자는 선왕의 도리를 강조했지만, 문헌의 부족으로 알 수 없으니 문헌으로 전해진 후왕의 도리를 근거로 선왕의 도리를 미루어 짐작하자는 입장을 취할 뿐이다.

3. 무징불신無徵不信, 불신민부종不信民弗從 : 상고 시대의 예의와 제도가 비록 좋다고 할지라도 그것을 증명할 수 없다. 증명할 수 없으니 사람들이 그것을 신뢰하지 않고, 신뢰하지 않으니 따르지 않는 것은 당연한 이치이다. 다음 순자의 말은 『중용』의 뜻을 충분히 방증할 수 있다.

> 터무니없는 일을 기탄없이 하는 사람은 눈에 보이는 일상적인 일도 사기를 치려고 하는데, 하물며 천 년 전의 일에 대해서는 어찌하겠는가?…오제五帝 이전의 일에 대해서 전하는 사람이 없는데, 이는 오제 이전에 현자가 없었기 때문이 아니라, 오래되어 실전되었기 때문이다. 오제 이전의 정치에 대해서는 전해진 것이 없는데, 이는 당시에 좋은 정치가 없었기 때문이 아니라 오래되어 전해지지 않기 때문이다. 우왕과 탕왕의 정치는 비록 전해졌지만 주대의 정치처럼 분명하지 않은 것은 그때 좋은 정치가 없었기 때문이 아니라 오래되었기 때문이다. 전해진 것이 오래되면 소략하게 되지만 가까운 것은 전해진 것이 상세하다. 소략

하게 되면 대강만을 열거하게 되고 자세하면 세세한 것까지 열거한다.…그러므로 예법은 오래되면 없어지고, 예악 문물제도는 오래되면 끊어진다.[3]

순자에 의하면, 요순 즉 선왕의 도리는 비록 원만圓滿하고 무결無缺하지만 역사가 오래되고 문헌이 부족하여 그 내용을 자세하게 살필 수 없다. 그러므로 예의 법도가 찬란하고 분명한 주문[周文-주대의 문화]을 근거로 하여 치도治道를 삼아야 한다.

4. 하언자下焉者, 수선부존雖善不尊, 부존불신不尊不信, 불신민부종不信民弗從 : '하언자下焉者'에서 '하下'는 아랫사람 혹은 천한 사람 혹 피치지被治者의 의미가 아니라 '통치자의 지위를 얻지 못함'을 의미한다. 즉 비록 공자처럼 성인의 덕성을 갖추고 있는 사람일지라도 천자의 지위를 얻지 못하면 예의와 제도 그리고 문자에 관한 일을 주재할 수 없다. 『중용』에 따르면, 덕성과 함께 정치적 지위는 예의를 입안하고, 제도를 제정하며, 문자를 고증하여 교정하는 일을 함에 있어 필요충분조건이다.

3 『荀子』「非相」, "妄人者, 門庭之間猶可誣欺也, 而況於千世之上乎?…五帝之外無傳人, 非無賢人也, 久故也. 五帝之外無傳政, 非無善政也, 久故也. 禹湯有傳政而不若周之察也, 非無善政也, 久故也. 傳者久則論略, 近則論詳. 略則擧大, 詳則擧小…是以文久而滅, 節族久而絶."

경문

그러므로 군자는 (예의와 제도 그리고 문자를 고증하는 일을) 반드시 먼저 자신에게 (적용하여 유효한지) 시행해보고, 그것을 다시 민중에게 (적용하여 효험을) 증명해야 하며, 하·상[은]·주 삼대의 예의 제도를 고증하여 (이것과 비교하여) 잘못된 점이 없는가를 살펴야 하고, 천지간에 세워 천도에 거스르지 않아야 하며, 귀신에게 물어도 의심이 없어야 하고, 백세 후에 성인이 나온다 하더라도 그것에 대하여 어떤 의혹이 들지 않아야 한다. 귀신에게 물어도 의심이 들지 않는 것은 천도의 이치를 깨달았기 때문이고, 백세 이후에 성인이 출현하여도 의혹이 들지 않는 것은 인간의 도리를 깨달았기 때문이다.

故君子之道[1], 本諸身, 徵諸庶民[2], 考諸三王而不繆[3], 建諸天地而不悖[4], 質諸鬼神而無疑[5], 百世以俟聖人而不惑[6]. 質諸鬼神而無疑, 知天也[7], 百世以俟聖人而不惑, 知人也[8].

역자 해설

1. 군자지도君子之道 : 이 구절은 단순하게 '군자의 도'라고 번역하면 뒤

구절과 연결이 자연스럽지 않게 된다. 물론 이곳에서의 '도'는 앞의 예의를 입안하고 제도를 제정하며 문자를 고증하여 교정하는 원칙을 의미한다. 이것이 바로 '군자의 도이다.' 그렇지만 '군자지도'는 이러한 의미를 포함하여, '이러한 원칙에 따르는 군자'라고 번역해야만 뒤와 연결이 순조롭다.

2. 본저신本諸身, 징저서민徵諸庶民 : '諸'는 '저'로 읽어야 한다. '어於'와 같은 의미이다. 먼저 자신에게 시행해보고서 자신에게 유효하게 적용되면 그것을 미루어 타인, 즉 일반백성들에게 적용하고서 효험이 있는지를 증명해보아야 한다. 백성들에게 어떻게 유효성이 증명되는가? 백성이 신뢰하고 따른다면 그것이 곧 유효하게 적용되었다는 증거이다.
3. 고저삼왕이불무考諸三王而不繆 : '삼왕三王'은 하·상·주 삼대 왕조를 지칭한다. '무繆'는 '류謬'와 같다. 즉 오류의 의미이다. '불무不繆'는 '오류가 없다'는 뜻이다.
4. 건저천지이불패建諸天地而不悖 : '건建'은 '립立', 즉 '세우다'의 뜻이다. 천지간에 건립해도 천지의 도리에 위배되지 않는다는 것은 「22장」에서 말한 "천지의 화육을 도울 수 있으면 천지의 화육에 참여하여 병립할 수 있다"[4]와 같은 차원에서 말한 것이다.
5. 질저귀신이무의質諸鬼神而無疑 : '질質'은 '묻다'의 의미로서, '귀신에게 묻는다'는 것이다. 이는 '점을 친다'는 것으로, 점을 쳐보아도 점괘

4 『中庸』「22章」, "可以贊天地之化育, 則可以與天地參矣."

가 불길하지 않다는 것이다.

6. 백세이사성인이불혹百世以俟聖人而不惑 : '사俟'는 '기다리다'는 뜻이다. 즉 백세 이후에 성인이 출현하더라도 동의할 것이다. 왜 그런가? 군자의 도는 모든 이성을 소유한 사람에게 유효한지를 시험해보았고, 천지에도 적용하여 어그러짐이 없었기 때문에 백세가 아니라 천세 이후에 성인이 다시 나타난다고 할지라도 이에 대하여 동의할 것이다.
7. 질저귀신이무의質諸鬼神而無疑, 지천야知天也 : 왜 '점을 쳐보아도 의심이 들지 않는가?' 이는 군자가 예의를 입안하고 제도를 제정하며, 문자를 고증하여 교정한 원칙이 천도에 대한 올바른 인식을 기초로 했기 때문이다.
8. 백세이사성인이불혹百世以俟聖人而不惑, 지인야知人也 : 이것도 위와 마찬가지이다. 군자의 도는 사람의 도에 대한 올바른 인식을 기초로 하여 제정되었기 때문이다.

경문

그러므로 천하에 군림하는 왕자의 거동은 대대로 천하 사람들이 지켜야 할 상도常道가 되고, 그의 행동은 대대로 천하 사람들의 법칙이 되며, 그의 언설은 대대로 천하 사람들이 지켜야 할 준칙이 된다. 먼 곳에 있는 사람은 그를 흠모하고, 가까이 있는 사람은 그를 싫어하지 않는다. 『시경』

에서 말했다. "저기에 있어도 미워하는 사람이 없고, 여기에 있어도 싫어하는 사람이 없다. 날마다 일찍 일어나 밤늦게 잠을 자면서 명예를 영원히 마친다." 군자이면서 이렇게 하지 않고서 일찍이 천하에 명예를 둔 자는 있지 않다.

是故君子動而世爲天下道, 行而世爲天下法[1], 言而世爲天下則. 遠之則有望, 近之則不厭[2]. 詩曰 : "在彼無惡, 在此無射[3]. 庶幾夙夜, 以永終譽[4]." 君子未有不如此, 而蚤[5]有譽於天下者也.

역자 해설

1. 군자동이세위천하도君子動而世爲天下道, 행이세위천하법行而世爲天下法, 언이세위천하칙言而世爲天下則 : '동動'은 군자의 모든 행동을 말하고, '세世'는 '대대로'의 뜻이다. 이 세 구절의 말은 군자가 표현한 모든 것은 대대로 인도人道의 표준으로 채택된다는 의미이다.
2. 원지즉유망遠之則有望, 근지즉불염近之則不厭 : 멀리 떨어져 있는 사람은 군자의 덕을 우러러 보면서 그와 함께 할 것을 바라고, 가까운 곳에 있는 사람은 그와 매일 함께 하는 것을 싫어하지 않는다.
3. 재피무오在彼無惡, 재차무역在此無射 : '惡'는 미워하다의 '오'로 읽어야 한다. '射'은 싫어하다의 '역'으로 읽어야 한다. 이곳저곳 사방 사람

들이 군자를 싫어하지 않고 가까이 하기를 원한다.

4. 서기삭야庶幾夙夜, 이영종예以永終譽 : '서기庶幾'는 '거의'의 뜻이지만, '날마다' 혹은 '매일매일'로 해석하는 것이 합리적이다. 매일매일 아침에는 일찍 일어나고 저녁까지 부지런하게 일하기 때문에 그 명예를 영원히 보존할 수 있다.

5. 조蚤 : '일찍이'의 뜻이다. 일찍이 이렇게 하지 않고서 천하에 명예를 남긴 사람은 없었다.

제30장
공자는 요순의 도리를 받들어 전술했다 [仲尼祖述堯舜].

경문

공자는 멀리 요순의 도리를 받들어 전술하고, 가깝게는 문왕과 무왕의 법도를 본받았다. 위로는 하늘의 원리[天時]를 따랐고, 아래로는 물과 땅의 (생성 원리)와 합치했다. 이는 마치 하늘과 땅이 (만물을) 실어 주지 않음이 없고, 덮어 주지 않음이 없는 것과 같다. 마치 (춘하추동) 사계절이 서로 바뀌어 운행하고, 해와 달이 서로 빛을 교체하면서 밝히는 것과 같다. 만물은 함께 생육하지만 서로의 생장을 방해하지 않으며, 도리도 함께 실행되지만 서로 위배되지 않는다. 작은 덕성은 (끊임없이) 흐르는 냇물과 같고, 큰 덕성은 (천지의) 화육을 돈후하게 한다. 이것이 바로 천지의 도리가 위대한 까닭이다.

仲尼祖述堯舜[1], 憲章文武[2]. 上律天時, 下襲水土[3]. 辟如天地之無不持載，無不覆幬[4]. 辟如四時之錯行[5]，如日月之代明[6]，萬物並育而不相害，道並行而不相悖. 小德川流，大德敦化[7]. 此天地之所以爲大也.

역자 해설

1. 중니조술요순仲尼祖述堯舜 : 중니는 공자이다. 주희에 따르면, '조술祖述'은 "멀리 요순의 도를 받들어 근본으로 삼는다"는 것이다. 공자 학술의 근본은 바로 요순으로부터 시작된다. 따라서 멀리 요순의 도를 본받아 자신 학술의 근본으로 삼는다.
2. 헌장문무憲章文武 : 주희에 의하면, 앞의 '조술'이 '멀리 요순의 도를 본받는 것'이라면, '헌장憲章'은 가깝게는 문왕과 무왕의 예의전장 제도를 지킨다는 것이다.
3. 상률천시上律天時, 하습수토下襲水土 : '률律'은 본받다 혹은 따르다의 의미이다. '습襲'은 합치하다의 뜻이다. '천시'를 따른다는 것은 자연의 운행을 본받는다는 것이고, '물과 땅의 생성 원리와 합치한다'는 것은 물과 땅에 내재되어 있는 불변의 원리와 일치한다는 것이다. 주희는 『중용』에서 이렇게 말한 것에 대하여 "모두 내외를 겸하고서 본말을 포함하여 말한 것이다"[1]라고 했다. '천시天時'와 '수토水土'의 원

1 『中庸章句』, "皆兼內外該本末而言也."

리를 좀 더 구체적으로 말하면, 천지만물 변화의 중단 없는 흐름, 즉 생생불식生生不息 원리에 따라 덕성의 가치를 부단히 실현한다는 것이다.

4. 천지지무부지재天地之無不持載, 무불부도無不覆幬 : '지재持載'는 '싣다'로서 땅을 지칭하고, '부도覆幬'는 '덮다'로서 하늘을 지칭한다. 즉 "하늘과 땅이 만물을 실어 주지 않음이 없고, 덮어 주지 않음이 없다는 것과 같다"는 것은 공자의 덕을 하늘과 땅의 무한성을 비유로 해설한 것이다.
5. 사시지착행四時之錯行 : '착錯'은 교착의 의미로서 '교대하다'의 '질迭'과 같다. 춘하추동이 서로 교대하면서 끝임 없이 운행하는 것과 같다.
6. 일월지대명日月之代明 : 낮에는 해가 광명을 비추고, 밤에는 달이 밝음을 드러낸다. 즉 밤과 낮에 해와 달이 서로 광명을 교체하면서 비춘다.
7. 만물병육이불상해萬物並育而不相害, 도병행이불상패道並行而不相悖. 소덕천류小德川流, 대덕돈화大德敦化 : 이 구절에 관하여 주희는 다음과 같이 해설한다.

> 하늘이 덮어주고, 땅이 실어주니 만물이 그 사이에서 함께 자라면서 서로 해치지 않고, 춘하추동 그리고 해와 달이 교대로 운행하고 밝음을 비추면서 서로 어그러지지 않는다. 서로 해치지 않고 어그러지지 않는 것은 '작은 덕성이 끊임없이 흐르는 냇물과

> 같다'는 것이고, '만물은 함께 생육하지만 서로의 생장을 방해하지 않는다는 것'은 '큰 덕성은 천지의 화육을 돈후하게 한다'는 것이다. '작은 덕성'이라는 것은 전체가 나누어진 것이고, '큰 덕성'은 만 가지 서로 다름의 근본이다. '끊임없이 흐르는 냇물과 같다'는 것은 맥락이 분명하고 흘러감에 멈춤이 없다는 것이다. '돈후하게 한다'는 것은 그 변화를 돈독하게 하여 근본을 성대하게 하면서 끊임없이 흘러나오게 하는 것이다. 이는 천지의 도를 말하여 위에서 말한 비유의 뜻을 보게 한 것이다.[2]

주희에 의하면, 서로 방해하지 않으며 서로 위배하지 않는 까닭은 작은 덕이 끊임없이 흐르는 냇물과 같기 때문이고, 서로 함께 생육되며 같이 유행되는 것은 대덕의 돈화 때문이다. 작은 덕성이 흐르는 냇물과 같다는 것은 예의와 문리文理에 대한 성인의 표현을 가리키는 것이며, 대덕이 돈화하는 것은 성인의 광대한 심량心量과 독실하고 정성스러운 성정을 가리켜 말한 것이다. 이것이 바로 천지의 도리가 위대한 까닭이다.

2 『中庸章句』, "天覆地載, 萬物並育於其間而不相害, 四時日月, 錯行代明而不相悖. 所以不害不悖者小德之川流, 所以並育並行者, 大德之敦化. 小德者, 全體之分, 大德者, 萬殊之本. 川流者, 如川之流, 脈絡分明而往不息也. 敦化者, 敦厚其化, 根本盛大而出無窮也. 此言天地之道, 以見上文取闢之意也."

제31장

천하에 지극한 성인의 품덕을 가진 사람만이 백성을 통솔할 수 있다[唯天下至聖, 爲能聰明睿知, 足以有臨也].

경문

오로지 천하에 지극한 성인의 품덕을 가진 사람만이 총명예지하니 백성을 통솔할 수 있다. 넓고 여유로우며 따뜻하고 부드러우니 만물을 포용할 수 있다. 강인함을 발하고 의지를 굳세게 하니 큰일을 결단할 수 있다. 자신을 정결하게 하고 어느 한쪽에 치우치지 않으니 마음을 한결같이 하나로 할 수 있다. 문장 조리는 세밀하고 분명하니 시비를 족히 분별할 수 있다.

唯天下至聖[1], 爲能聰明睿知, 足以有臨[2]也. 寬裕溫柔, 足以有容[3]也. 發强剛毅, 足以有執[4]也. 齊莊中正, 足以有敬[5]也. 文理密察, 足以有別[6]也.

역자 해설

1. 유천하지성唯天下至聖 : '지성至聖'은 지극한 품덕을 소유한 성인을 지칭한다. 요·순·우·탕·문왕·무왕이 이에 해당된 인물이다.

2. 위능총명예지爲能聰明睿知, 족이유림足以有臨 : 주희는 '림臨'에 대하여 "위에서 아래로 임한다"[1]라고 주석했다. 이는 '백성을 통솔한다'는 뜻이다. 따라서 앞의 '지성至聖'은 군주의 지위에 있었던 성왕을 가리킨다.

3. 관유온유寬裕溫柔, 족이유용足以有容 : 오로지 넓고 여유로우며 따뜻하고 부드러운 품덕을 가진 성인만이 만백성뿐만 아니라 만물까지도 포용할 수 있다.

4. 발강강의發强剛毅, 족이유집足以有執 : '집執'은 '잡다'의 의미이지만, 이곳에서는 결단으로 해석하는 것이 합리적이다. 오로지 성인만이 의지가 강인하니 총명예지와 관유온유함을 잃지 않을 수 있고, 큰 일이 닥치면 지혜와 용기로써 결단할 수 있다.

5. 제장중정齊莊中正, 족이유경足以有敬 : '제齊'는 '재齋'와 같다. 용모와 태도를 정결하고 장엄하게 한다는 것이고, '중정中正'은 어느 한쪽에 치우치지 않은 올바른 마음을 뜻한다. '제장'이 외관의 정제엄숙整齊嚴肅을 의미한다면, '중정'은 안으로 수렴하여 마음을 올곧게 한다는 의미이다. '경敬'을 '공경하다'로 번역할 수 있다. 그러나 앞의 '제장중정'과 연계시키면 정이와 주희가 말한 거경居敬의 '경'으로 해석해야 할 것 같다. 즉 자신의 외관을 정결하게 하고, 마음이 어느 한쪽에 치

1 『中庸章句』, "居上而臨下."

우치지 않으며, 중정의 상태를 유지하니 마음을 한결같이 하나로 할 수 있다. '마음을 한결같이 하나로 한다'는 것은 바로 '주일무적主一無適'의 의미이다. 이렇게 해야만 앞의 '제장중정'과 '경'의 의미가 순조롭게 통한다.

6. 문리밀찰文理密察, 족이유별足以有別 : 주희는 "문은 문장이고, 리는 조리이다. 밀은 상세함이고, 찰은 분명하게 판별하는 것이다"[2]라고 했다. 즉 성인의 문장은 조리가 있고 세밀할 뿐만 아니라 분명하여 시비를 족히 분별할 수 있다.

경문

(성인의 덕성은) 광대하고 심후하여 수시로 표현되어 나온다. (성인 덕성의) 광대함은 마치 하늘과 같고, 심후함은 깊은 연못과 같다. (덕성이) 밖으로 표현되어 나온 것에 대해서는 존경하지 않는 백성이 없고, (성인의) 언설에 대해서는 백성들이 신뢰하지 않음이 없으며, 그 행동에 대해서는 백성들이 즐거워하지 않음이 없다.

溥博淵泉[1], 而時出之[2]. 溥博如天, 淵泉如淵[3]. 見而民莫不敬[4], 言而民莫不信[5], 行而民莫不說[6].

---

2 『中庸章句』, "文, 文章也. 理, 條理也. 密 詳細也. 察, 明辨也."

역자 해설

1. 부박연천溥博淵泉 : 주희는 '부박溥博'에 대해서는 "두루 넓다"[3]고 주석했고, '연천淵泉'에 대해서는 "고요하고 깊어 근본이 있다"[4]고 주석했다. 역자는 이상의 의미를 종합하여 "광대하고 심후하다"로 번역했다.
2. 시출지時出之 : '출出'은 발현하다는 뜻이다. 즉 성인의 마음에는 인의예지신仁義禮智信의 덕이 충만하여 수시로 그것을 아름다운 덕행으로 표현하여 백성들을 교화한다.
3. 부박여천溥博如天, 연천여연淵泉如淵 : 성인 덕성의 광대함은 마치 하늘과 같고, 성인 덕성의 심후함은 마치 깊은 연못과 같아 짐작하기 어렵다.
4. 현이민막불경見而民莫不敬 : '見'은 '현現', 즉 '드러나다'의 뜻이다. 성인의 덕성이 밖으로 표현되어 나오면 그 아름다운 덕행에 대하여 존경하지 않는 백성이 없다.
5. 언이민막불신言而民莫不信 : 성인의 말씀에 대하여 신뢰하지 않은 백성이 없다.
6. 행이민막불열行而民莫不說 : '說'은 '기쁘다'의 '열悅'이다. 성인의 덕행에 대하여 기뻐하지 않은 백성이 없다.

---

3 『中庸章句』, "周徧而廣闊."

4 『中庸章句』, "靜深而有本也."

경문

그러므로 성인의 명성은 전 중국에 드높고, 멀리 있는 미개한 만맥 민족에게도 미친다. 수레가 닿는 곳, 사람의 힘이 통하는 곳, 하늘이 덮고 있는 곳, 땅이 싣고 있는 곳, 해와 달이 비추고 있는 곳, 서리와 이슬이 떨어지는 곳에 사는 혈기가 있는 사람들은 (성인의 덕성에 대하여) 존경하고 친애하지 않음이 없다. 그렇기 때문에 성인의 덕성은 하늘과 서로 어울린다고 한 것이다.

是以聲名洋溢[1]乎中國, 施及蠻貊[2]. 舟車所至, 人力所通, 天之所覆, 地之所載, 日月所照, 霜露所隊[3], 凡有血氣者, 莫不尊親[4], 故曰配天[5].

역자 해설

1. 양일洋溢 : '넘쳐흐르다'의 뜻이다.
2. 이급만맥施及蠻貊 : '施'는 '이'로 읽어야 한다. 즉 '뻗다'의 의미이다. 성인의 덕성이 넘쳐흘러 멀리 오랑캐의 땅까지 뻗쳐 나간다.
3. 주차소지舟車所至, 인력소통人力所通, 천지소부天之所覆, 지지소재地之所載, 일월소소日月所照, 상로소대霜露所隊 : '대隊'는 '떨어지다'의 '추墜'

이다. 이상에서 말하고 있는 공간이 바로 천지이다.

4. 범유혈기자凡有血氣者, 막불존친莫不尊親 : 혈기를 가진 존재는 무엇을 지칭하는가? 인류는 당연히 포함된다. 일반적으로 유가철학에서는 동물까지를 혈기를 소유한 존재로 규정한다. 그렇다면 동물도 성인을 사랑하지 않음이 없다로 해석해야 하는가? 이러한 해석은 합리적이지 않다. 이곳에서 혈기를 가진 존재는 인류로 한정해야 한다. 즉 종족을 초월한 인류 전체를 지칭한다.
5. 배천配天 : 하늘과 짝을 이룬다. 성인의 덕성이 천지만물을 생성하는 천도와 동등하다.

제32장

천하에 지극히 진실한 사람만이 천하의 대경을 경륜할 수 있다[唯天下至誠, 爲能經綸天下之大經].

경문

오로지 천하에 지극히 진실한 사람만이 천하의 상법常法을 경륜할 수 있고, 천하의 위대한 근본을 세울 수 있으며, 천지 만물의 화육 원리를 알 수 있다. (이러한데) 어찌 다른 것에 의지할 필요가 있는가? 정성이 돈후하면서 절실함은 인仁을 말함이고, 깊고도 깊음은 연못과 같으며, 광대함은 마치 하늘과 같다. 진실로 총명하고, 성인의 지혜로써 하늘의 덕에 통달한 사람이 아니라면 누가 이것을 알 수 있겠는가?

唯天下至誠, 爲能經綸[1]天下之大經[2], 立天下之大本[3], 知天地之化育. 夫焉有所倚[4]? 肫肫其仁[5], 淵淵其淵[6], 浩浩其天[7]. 苟不固聰明聖知達天德者, 其孰能知之?

역자 해설

1. 경륜經綸 : 경륜에 관하여 주희는 다음과 같이 주석했다.

> '경'은 그 실마리를 다스려 나누는 것이고, '륜'은 그 류類를 나란히 하여 합하는 것이다.[1]

'경'은 나눔의 '분分'이고, '륜'은 종합의 '합合'이다. 따라서 경륜은 천하의 모든 덕목을 '분수分殊'하고, 다시 하나의 리[太極-統體之理]로 환원하는 일이다.

2. 대경大經 : 주희에 따르면, '대륜'은 오륜五倫을 가리킨다. 혹자는 천하 국가를 다스리는 구경九經이라고 주장하기도 한다. 모두 불변의 법칙, 즉 상법常法이다.
3. 대본大本 : 첫 장에서 말한 "중中은 천하의 대본이다"의 대본과 같다. 주희 역시 대본을 본성이 갖추고 있는 모든 것, 즉 본성 전체로 해설했다. 천하에 지극히 진실한 성인만이 대본을 올바르게 정립할 수 있다.
4. 언유소기焉有所倚 : 천하의 대경을 경륜하는 것도 성인 본성에 근거하고, 대본을 올바르게 정립하는 것 역시 성인의 본성에 의거하며, 천지의 화육에 참여하는 것 역시 자신의 본성에 따라 행한다. 때문에 다른 것에 의지할 필요가 전혀 없다.

---

1 『中庸章句』, "經者, 理其緒而分之, 綸者, 比其類而合之也."

5. 순순기인肫肫其仁 : 주희는 '순肫'을 '간절한 모양'으로 주석했다. 즉 '순순肫肫'은 정성이 돈후하고 절실한 모양을 형용한 것이다. 이는 인仁을 형용한 것이다.

6. 연연기연淵淵其淵 : 깊고 심후함이 마치 깊은 연못과 같다.

7. 호호기천浩浩其天 : '호호浩浩'는 넓고 큰 모양이다. 지극히 진실한 사람 품덕의 광대함이 마치 하늘과 같다. 주희는 "(그 깊음이) 깊은 연못과 같고, (그 광대함이) 하늘과 같다고 했지만, 단지 그렇게만 말할 수 있는 것이 아니다"[2]라고 주석했다. 이는 비록 성인의 덕성을 표현하며 깊은 연못과 광대한 하늘로써 비유했지만, 그것으로 제한해서는 안 된다는 것이다.

2 『中庸章句』, "其淵其天, 則非特如之而已."

제33장

비단옷을 입고 홑옷을 덧입는다[衣錦尙絅].

경문

『시경』에서 말했다. "비단옷을 입고 홑옷을 덧입는다." 이는 (비단옷의) 문채가 너무 화려하게 드러나는 것을 싫어하기 때문이다. 그러므로 군자의 도는 은은하지만 (시간이 지나도 변하지 않고) 나날이 밝게 드러난다. 소인의 도는 (일시적으로) 선명하게 드러나지만 갈수록 (그 빛이) 사라진다. 군자의 도는 특별한 것이 없지만 사람들이 싫어하지 않고, 간략하지만 문채가 빛나게 드러나며, 온화하지만 조리가 있다. 먼 곳이 가까운 곳에서부터 시작된다는 이치를 알고, 바람이 어디서부터 불어오는지를 알며, 희미한 것이 분명한 것으로 되는 이치를 안다면 그와 함께 덕의 세계로 들어갈 수 있을 것이다.

詩曰 : "衣錦尙絅[1]". 惡其文之著也[2]. 故君子之道, 闇然而日章[3]. 小人之道, 的然而日亡[4]. 君子之道, 淡而不厭[5], 簡而文[6], 溫而理[7]. 知遠之近, 知風之自, 知微之顯[8], 可與入德矣.

역자 해설

1. 의금상경衣錦尙絅 : 주희에 의하면, 이 시는 『시경』「위풍衛風 · 석인碩人」편에 있는데, '의금경의衣錦褧衣'로 되어있다. '경絅'과 '경褧'은 모두 홑옷을 의미한다. 현전하는 『시경』에는 이 구절이 없다. 아마 누락되어 세상에 전해지지 않는 구절인 것 같다. '의衣'는 동사로서 '옷을 입다'이고, '상尙'은 '하나 더 입다'는 의미이다. 이미 비단옷을 입었는데 다시 홑옷을 더 입는 것은 훌륭한 인품을 구비하고 있지만 그것을 자랑하지 않는다는 것을 뜻한다. 군자와 성인이 이러한 유형의 사람이다. 주희는 군자와 성인이 이렇게 하는 것은 바로 "옛날 학자들은 자신을 위하여 학문을 했기 때문이다"라고 주석한다. 이 말은 『논어』「헌문憲問」 편의 "옛날 학자는 자신을 위하여 학문을 하고, 지금 학자는 남을 위하여 학문을 한다"[1]에서 유래한 것이다. 자신을 위한다는 것은 곧 '자신의 마음을 닦고 행실을 근신하기 위함이다'는 것이고, 남을 위한다는 것은 자신의 심신 수양과 관계없이 오로지 이름

1 『論語』「憲問」, "子曰 : '古之學者爲己, 今之學者爲人.'"

을 세상에 알리기 위하여 학문을 한다는 것이다.

2. 오기문지저야惡其文之著也 : '오惡'는 싫어하다이고, '문文'은 문채이며, '저著'는 드러나다의 의미이다. 즉 문채가 밖으로 드러나는 것을 원치 않는다. 즉 일부러 자랑하지 않는다.
3. 암연이일장闇然而日章 : '암연闇然'은 은은하다는 의미이다. 왜 은은한가? 비단옷을 입었지만 그 위에 홑옷을 더 입었기 때문에 비단옷의 문채가 은은하게 비춰지는 것이다. '일장日章'은 '나날이 밝게 드러난다'는 뜻이다.
4. 적연이일망的然而日亡 : '적연的然'은 선명하다의 의미이고, '망亡'은 없어지다의 뜻이다. 즉 소인의 도는 한 때 선명하게 드러나 사람들의 주목을 끌지만 곧 없어진다.
5. 담이불염淡而不厭 : '담淡'은 '어떤 특별한 것이 없는 상태'를 의미한다. 비록 특별한 것이 없기 때문에 사람들의 주목을 일시에 끌지는 못하지만 오히려 은은하게 비추니 사람들이 싫어하지 않는다.
6. 간이문簡而文 : 비록 간략하지만 문채가 끝없이 발산된다.
7. 온이리溫而理 : 온화하지만 조리가 있어 엄정함을 잃지 않는다. 주희는 담淡 · 간簡 · 온溫과 불염不厭 · 문文 · 리理에 관하여 다음과 같이 말한다.

> 특별한 것이 없고 간략하며 온화한 것은 홑옷을 밖에 덧입었기 때문이고, 싫어하지 않고, 문채가 빛나게 드러나며, 조리가 있는 것은 비단의 아름다움이 안에 있기 때문이다. 소인은 이것과

반대이다. 밖으로 갑자기 드러나지만 실질이 없기 때문에 지속되지 못한다. 그래서 선명하게 드러나지만 나날이 없어지는 것이다.[2]

8. 지원지근知遠之近, 지풍지자知風之自, 지미지현知微之顯 : 이 구절에 대하여 주희는 "먼 곳이 가까운 곳에서부터 시작된다는 것은 저기에 나타난 것이 여기로부터 말미암는다는 의미이고, 바람이 어디에서 불어온다는 것은 밖에 드러나는 것이 안을 근본으로 한다는 의미이며, 희미한 것이 분명한 것으로 된다는 것은 안에 간직되어 있는 것이 밖으로 드러난다는 의미이다"[3]라고 해설했다.

경문

『시경』에서 말했다. "비록 숨겨져 있어 (남들에게) 보이지 않지만 매우 분명하게 드러난다." 그러므로 군자는 안으로 성찰하여 병통을 없게 하니 마음에 부끄러움이 없다. (다른 사람들이) 군자에 미치지 못한 것은 다른 사람들이 보지 못한 곳에 있다.

---

2 『中庸章句』, "淡 · 簡 · 溫, 絅之襲於外也. 不厭而文且理焉, 錦之美在中也. 小人反是. 則暴於外而無實以繼之. 是以的然而日亡也."

3 『中庸章句』, "遠之近, 見於彼者由於此也. 風之自, 著乎外者本乎內也. 微之顯, 有諸內者形於外也."

詩[1]云："潛雖伏矣，亦孔之昭[2]." 故君子內省不疚，無惡於志[3]. 君子之所不可及者，其唯人之所不見乎[4]!

역자 해설

1. 시詩 : 『시경』「소아小雅 · 정월正月」 13장 중에서 제 11장의 시이다.
2. 잠수복의潛雖伏矣, 역공지소亦孔之昭 : '공孔'은 '심甚' 즉 '매우' 혹은 '아주'의 뜻이다. '잠수복潛雖伏'을 직역하면 '잠긴 것이 비록 엎드려 있다'라고 해야 한다. 무엇이 잠겨있고 엎드려 있다는 말인가? 뒤 구절과 연계시켜 보면, 이곳에서 '잠겨 엎드려 있는 것'은 바로 아직 말이나 행동으로 표현되기 이전의 생각, 즉 '의념意念'을 지칭한다. 즉 생각은 발동했지만, 아직 형상화되지 않았기 때문에 있음과 없음 사이[有無之間]의 기미[幾]이다. 이 상태에서는 오로지 자신의 도덕적 양심만이 기미의 선악을 판별할 수 있다. 자신의 양심 측면에서 보면 "매우 분명하게 드러나는 것[孔之昭]"이다. 모든 선과 악은 바로 이곳에서부터 시작되기 때문에 『중용』에서는 이곳에서 특별히 근신할 것을 강조한다. 신독愼獨이 바로 이것이다.
3. 내성불구內省不疚, 무오어지無惡於志 : '내성內省'은 안으로 살펴본다, 즉 성찰하다의 뜻이고, '구疚'는 병폐 혹은 하자瑕疵를 의미한다. '내성무구'는 '안으로 성찰하여 병통을 없게 한다'는 의미이다. '惡'는 '오'로 읽어야 한다. 미워하다 혹은 싫어하다 혹은 부끄러워하다 등

의 뜻이다. '지志'는 마음을 지칭한다. '무오어지'는 '마음에 부끄러움이 없다' 즉 마음이 떳떳하다의 뜻이다.

4. 군자지소불가급자君子之所不可及者, 기유인지소불견호其唯人之所不見乎 : 이 구절을 직역하면 "군자가 미치지 못한 곳은 사람들이 보지 못한 곳이다"라고 해야 한다. 앞뒤로 독립시켜 놓고 보면 의미를 분명하게 파악하기 힘들다. 그러나 이 구절은 '신독愼獨'을 해설한 것이다. 즉 다른 사람들이 군자의 인격에 이르지 못한 근본적인 원인은 바로 다른 사람들은 알 수 없고 오로지 자신만 알 수 있는 마음의 상태를 항상 진실하게 간직했기 때문이다. 즉 군자는 소인들에 비해 신독에 능한 것이다. 주희 역시 이 시는 군자의 신독을 말한 것이라고 했다.

경문

『시경』에서 말했다. "그대가 방안에 있음을 보니 아직 어두운 방 귀퉁이에 부끄럽지 않구나." 그러므로 군자는 (특별한) 행동을 하지 않아도 (백성들이) 그를 공경하고, (어떤) 말을 하지 않아도 (백성들이) 그를 신뢰한다.

詩[1]云 : "相在爾室[2], 尙不愧於屋漏[3]." 故君子不動而敬, 不言而信.

역자 해설

1. 시詩 : 『시경』 「대아大雅 · 억抑」 편 12장 중 제 7장의 시이다.
2. 상재이실相在爾室 : '상相'은 보다[視]의 뜻이다. '상재이실'은 '그대가 방안에 있음을 보다'라고 해석하지만, 이곳에서 방안은 자신의 마음을 가리킨다.
3. 상불괴어옥루尙不愧於屋漏 : '옥루屋漏'는 방의 서북쪽 귀퉁이를 가리킨다. 방안에서 가장 어두운 곳이다. 방안에서 가장 어두운 곳은 자신 외에는 아무도 알 수 없는 곳, 즉 마음에서도 가장 은밀한 곳이다. 이처럼 오로지 자신만이 알 수 있는 은미하고 희미한 곳에서도 마음을 부끄럽지 않게 할 수 있다. 이 단락에 대하여 주희는 다음과 같이 주석했다.

> 군자가 경계하고, 근신하며 두려워함은 언제라도 그렇지 않음이 없어, 말과 행동을 기다리지 않고서도 공경하고 신뢰하게 함을 말했으니 자신을 위하는 공부가 더욱 치밀하다.[4]

자신의 마음에 어떤 하자도 없어 부끄러움이 전혀 없다면 어떤 특별한 행동을 하지 않아도 타인이 공경하고, 특별한 말을 하지 않더라도 타인이 신뢰한다.

4 『中庸章句』, "言君子之戒謹恐懼, 無時不然, 不待言動而後敬信, 則其爲己之功益加密矣."

❈ 경문 ❈

『시경』에서 말했다. "(신명의 앞에) 나아가 감격할 때는 말이 없고, 아무런 쟁론도 없다." 그러므로 군자는 (백성들에게) 상을 주지 않아도 백성들이 스스로 권면하며, 화를 내지 않아도 백성들이 작두보다도 더 두려워한다.

詩[1]曰 : "奏假無言, 時靡有爭[2]." 是故君子不賞而民勸[3], 不怒而民威於鈇鉞[4].

역자 해설

1. 시詩 : 『시경』「상송商頌 · 열조烈祖」 편이다.
2. 주격무언奏假無言, 시미유쟁時靡有爭 : '주奏'는 '진進' 즉 '나아가다'의 의미이고, '假'는 '격格'으로 읽어야 한다. 즉 '이르다'의 뜻이다. 원래 '격'은 '신이 강림하다'는 것이기 때문에 이곳에서 '假'는 신명에 대한 '감격感格'이다. 주희는 이 구절에 대하여 다음과 같이 주석했다.

> 나아가 신명에 감격할 때에 진실함과 공경함이 지극하기 때문에 말을 하지 않아도 사람들이 스스로 교화됨을 말한 것이다.[5]

'미유靡有'는 없다는 뜻이다. 즉 제사를 지내면서 흠향할 때는 신명에 대한 감격으로 말미암아 아무런 소리도 내지 않고, 이에 대한 아무런 쟁론도 없다.

3. 불상이민권不賞而民勸 : 일반적으로 상으로써 백성들을 권면시킨다. 그러나 백성들이 군자의 인품에 감화되었기 때문에 그들에게 특별한 상을 내려주지 않아도 스스로 부지런해진다.
4. 불노이민위어부월不怒而民威於鈇鉞 : '위威'는 두려움이다. '부鈇'는 작두이고, '월鉞'은 도끼이다. 둘 다 무서운 공포를 일으키는 무기이다. 이곳에서는 군자에 대한 사람들의 경외심을 작두와 도끼로 표현했다.

경문

『시경』에서 말했다. "드러나지 않은 은미한 덕을 제후[百辟]들이 본보기로 삼는다." 그러므로 군자가 공경함을 돈독히 하면 천하는 자연스럽게 태평해진다.

詩[1]曰 : "不顯惟德, 百辟其刑之[2]." 是故君子篤恭而天下平[3].

5 『中庸章句』, "言進而感格於神明之際, 極其誠敬, 無有言說而人自化之也."

역자 해설

1. 시詩 : 『시경』「주송周頌 · 열문烈文」 편의 시이다.
2. 불현유덕不顯惟德, 백벽기형지百辟其刑之 : 역자는 이곳에서 '불현不顯'의 의미를 주희의 주장에 따라 '드러나지 않은 은미함'으로 번역했다. 이곳에서의 '不' 자는 '크다' 의미의 '비丕'로도 해석 가능하다. 그렇다면 『시경』에서 '불현'은 '위대한 드러남'의 뜻이다. 그러나 뒤에 나오는 시와 연계시켜 보면 '드러나지 않은 은미함'으로 번역하는 것이 타당하다. 즉 앞에서 말한 '의금상경衣錦尙絅'과 동일하게 '덕의 은미함'으로 해석해야 한다. '벽辟'은 임금 혹은 제후를 의미하는데, 이곳에서는 마땅히 제후로 해석해야 한다. 만일 임금[王-천자]으로 번역하면 '백 명의 천자'라고 해야 할 것이다. 그러나 천자는 1인이기 때문에 여러 명의 제후로 번역해야 한다. '형形'은 '형型' 즉 '표준'의 의미이다. 그것을 본받아 표준으로 삼는다는 뜻이다.
3. 독공이천하평篤恭而天下平 : '독篤'은 '두텁다', 즉 '후厚'의 의미이다. 군자가 스스로 공경함을 돈독히 실천하면 천하는 자연스럽게 태평해진다.

경문

『시경』에서 말했다. "나는 밝은 덕을 좋아하지만 소리와 얼굴빛으로 크게 나타내지 않는다." 공자가 말했다. "소리와 얼굴색으로 백성을 교화시키는 것은 말단적인 것이다."

『시경』에서 말했다. "덕은 가볍기가 터럭과 같다." (그러나 그처럼 가벼운) 털도 비교할 만한 것이 있다. "상천의 일은 소리도 없고 냄새도 없다"는 표현이 가장 좋다.

詩[1]云 : "予懷明德, 不大聲以色[2]." 子曰 : "聲色之於以化民, 末也[3]." 詩[4]曰 : "德輶如毛[5]." 毛猶有倫[6]. "上天之載, 無聲無臭[7]." 至矣[8].

역자 해설

1. 시詩 : 『시경』「대아大雅 · 황의皇矣」 편의 시이다.
2. 여회명덕予懷明德, 부대성이색不大聲以色 : '여회명덕予懷明德'에 대한 해석은 참으로 다양하다. 역자는 앞의 '의금상경衣錦尙絅' · '불현유덕不顯惟德'과 연계하여 "나는 밝은 덕을 좋아하지만 소리와 얼굴빛으로 크게 나타내지 않는다"로 해석했다. "소리와 얼굴빛으로 크게 나타내지 않는다"는 말이 바로 '의금상경'과 '불현유덕'의 또 다른 표현이다. 즉 천하만민을 교화시키는 사람은 신경질적인 언사나 노기 띤 얼굴을 보이지 않는다.
3. 성색지어이화민聲色之於以化民, 말야末也 : 이 구절은 『논어』에 보이지 않는다. 즉 큰 소리와 화난 얼굴색으로 백성을 꾸짖어 교화하려는 것은 지엽적이고 말단적인 방법에 불과하다.

4. 시詩 : 『시경』 「대아 · 증민烝民」 편의 시이다.

5. 덕유여모德輶如毛 : '유輶'는 '가볍다'의 의미이다. 가볍기가 털과 같다. 이것 역시 덕의 은미함을 나타낸 말이다.

6. 모유유륜毛猶有倫 : '륜倫'은 등급의 의미이다. 즉 무게를 갖고 있어 비교할 수 있는 대상이 있다는 것이다.

7. 상천지재上天之載, 무성무취無聲無臭 : 『시경』 「대아 · 문왕文王」 편의 시이다. '재載'는 '싣다'는 의미가 아니라 일 즉 '사事'를 의미한다. 즉 하늘 위에서 일어난 일이다. 하늘에서 일어난 일은 아무런 소리도 없고 냄새도 없다. 그렇기 때문에 비교할 대상이 없다. 이렇게 표현되어야만 비로소 '불현의 덕'이라고 할 수 있고, '의금상경한 덕'이라고 할 수 있다.

8. 지의至矣 : 앞의 '상천지재上天之載, 무성무취無聲無臭'를 인용하여 덕성의 가장 좋음을 형용한 것이다.

『중용』 원문

제 1 장

天命之謂性, 率性之謂道, 修道之謂教. 道也者, 不可須臾離也, 可離非道也. 是故君子戒慎乎其所不睹, 恐懼乎其所不聞. 莫見乎隱, 莫顯乎微, 故君子慎其獨也. 喜怒哀樂之未發, 謂之中. 發而皆中節, 謂之和. 中也者, 天下之大本也. 和也者, 天下之達道也. 致中和, 天地位焉, 萬物育焉.

제 2 장

仲尼曰 : "君子中庸, 小人反中庸." 君子之中庸也, 君子而時中. 小人之中庸也, 小人而無忌憚也.

제 3 장

子曰 : "中庸其至矣乎! 民鮮能久矣!"

제 4 장 ••

子曰 : "道之不行也, 我知之矣, 知者過之, 愚者不及也. 道之不明也, 我知之矣, 賢者過之, 不肖者不及也. 人莫不飮食也, 鮮能知味也."

제 5 장 ••

子曰 : "道其不行矣夫!"

제 6 장 ••

子曰 : "舜其大知也與! 舜好問而好察邇言, 隱惡而揚善, 執其兩端, 用其中於民, 其斯以爲舜乎!"

제 7 장 ••

子曰 : "人皆曰予知, 驅而納諸罟擭陷阱之中, 而莫之知辟也. 人皆曰予知, 擇乎中庸而不能期月守也."

제 8 장 ••

子曰 : "回之爲人也, 擇乎中庸, 得一善, 則拳拳服膺而弗失之矣."

제 9 장 ••

子曰："天下國家可均也, 爵祿可辭也, 白刃可蹈也, 中庸不可能也."

제10장 ••

子路問強. 子曰："南方之強與? 北方之強與? 抑而強與? 寬柔以教, 不報無道, 南方之強也, 君子居之. 衽金革, 死而不厭, 北方之強也, 而強者居之." 故君子和而不流, 強哉矯! 中立而不倚, 強哉矯! 國有道, 不變塞焉, 強哉矯! 國無道, 至死不變, 強哉矯!

제11장 ••

子曰："素隱行怪, 後世有述焉, 吾弗爲之矣. 君子遵道而行, 半塗而廢, 吾弗能已矣. 君子依乎中庸, 遯世不見知而不悔, 唯聖者能之."

제12장 ••

君子之道費而隱. 夫婦之愚, 可以與知焉, 及其至也, 雖聖人亦有所不知焉. 夫婦之不肖, 可以能行焉, 及其至也, 雖聖人亦有所不能焉. 天地之大也, 人猶有所憾. 故君子語大, 天下莫能載焉. 語小, 天下莫能破焉. 詩云 : "鳶飛戾天, 魚躍于淵." 言其上下察也. 君子之道, 造端乎夫婦. 及其至也, 察乎天地.

제13장 ••

子曰 : "道不遠人. 人之爲道而遠人, 不可以爲道." 詩云 : "伐柯伐柯, 其則不遠." 執柯以伐柯, 睨而視之, 猶以爲遠. 故君子以人治人, 改而止. 忠恕違道不遠, 施諸己而不願, 亦勿施於人. 君子之道四, 丘未能一焉. 所求乎子, 以事父未能也. 所求乎臣, 以事君未能也. 所求乎弟, 以事兄未能也. 所求乎朋友, 先施之未能也. 庸德之行, 庸言之謹, 有所不足, 不敢不勉, 有餘不敢盡. 言顧行, 行顧言, 君子胡不慥慥爾!

제14장 ••

君子素其位而行, 不願乎其外. 素富貴, 行乎富貴. 素貧賤,行乎貧賤. 素夷狄, 行乎夷狄. 素患難, 行乎患難. 君子無入而不自得焉. 在上位不陵下, 在下位不援上, 正己而不求於人則無怨. 上不怨天, 下不尤人. 故君子居易以俟命, 小人行險以徼幸. 子曰 : 射有似乎君子. 失諸正鵠, 反求諸其身.

제15장

君子之道, 辟如行遠必自邇, 辟如登高必自卑. 詩曰 : "妻子好合, 如鼓瑟琴. 兄弟旣翕, 和樂且耽. 宜爾室家. 樂爾妻帑." 子曰 : "父母其順矣乎!"

제16장

子曰 : "鬼神之爲德, 其盛矣乎! 視之而弗見, 聽之而弗聞, 體物而不可遺. 使天下之人齊明盛服, 以承祭祀. 洋洋乎! 如在其上, 如在其左右." 詩曰 : "神之格思, 不可度思! 矧可射思!" 夫微之顯, 誠之不可揜如此夫.

제17장

子曰 : "舜其大孝也與! 德爲聖人, 尊爲天子, 富有四海之內. 宗廟饗之, 子孫保之. 故大德必得其位, 必得其祿, 必得其名, 必得其壽. 故天之生物, 必因其材而篤焉. 故栽者培之, 傾者覆之." 詩曰:"嘉樂君子, 憲憲令德! 宜民宜人. 受祿于天. 保佑命之, 自天申之! 故大德者必受命."

제18장

子曰:"無憂者其惟文王乎! 以王季爲父, 以武王爲子, 父作之, 子述之. 武王纘大王、王季、文王之緖. 壹戎衣而有天下, 身不失天下之顯名. 尊爲天子, 富有四海之內. 宗廟饗之, 子孫保之. 武王末受命, 周公成文武之德, 追王大王、王季, 上祀先公以天子之禮. 斯禮也, 達乎諸侯大夫, 及士庶人. 父爲大夫, 子爲士. 葬以大夫, 祭以士. 父爲士, 子爲大夫. 葬以士, 祭以大夫. 期之喪達乎大夫, 三年之喪達乎天子, 父母之喪無貴賤一也."

제19장

子曰:"武王、周公, 其達孝矣乎! 夫孝者: 善繼人之志, 善述人之事者也. 春秋修其祖廟, 陳其宗器, 設其裳衣, 薦其時食. 宗廟之禮, 所以序昭穆也. 序爵, 所以辨貴賤也. 序事, 所以辨賢也. 旅酬下爲上, 所以逮賤也. 燕毛, 所以序齒也. 踐其位, 行其禮, 奏其樂, 敬其所尊, 愛其所親, 事死如事生, 事亡如事存, 孝之至也. 郊社之禮, 所以事上帝也, 宗廟之禮, 所以祀乎其先也. 明乎郊社之禮 禘嘗之義, 治國其如示諸掌乎."

제20장

哀公問政. 子曰: "文武之政, 布在方策. 其人存, 則其政擧. 其人亡, 則其政息. 人道敏政, 地道敏樹. 夫政也者, 蒲盧也. 故爲政在人, 取人以身, 修身以道, 修道以仁. 仁者人也, 親親爲大. 義者宜也, 尊賢爲大. 親親之殺, 尊賢之等, 禮所生也. 在下位不獲乎上, 民不可得而治矣! 故君子不可以不修身. 思修身, 不可以不事親. 思事親, 不可以不知人. 思知人, 不可以不知天." "天下之達道五, 所以行之者三. 曰君臣也, 父子也, 夫婦也, 昆弟也, 朋友之交也. 五者天下之達道也. 知 仁 勇三者, 天下之達德也, 所以行之者一也. 或生而知之, 或學而知之, 或困而知之, 及其知之一也. 或安而行之, 或利而行之, 或勉強而行之, 及其成功一也." 子曰: "好學近乎知, 力行近乎仁, 知恥近乎勇. 知斯三者, 則知所以修身. 知所以修身, 則知所以治人. 知所以治人, 則知所以治天下國家矣." 凡爲天下國家有九經, 曰: 修身也, 尊賢也, 親親也, 敬大臣也, 體群臣也, 子庶民也, 來百工也, 柔遠人也, 懷諸侯也. 修身則道立, 尊賢則不惑, 親親則諸父昆弟不怨, 敬大臣則不眩, 體群臣則士之報禮重, 子庶民則百姓勸, 來百工則財用足, 柔遠人則四方歸之, 懷諸侯則天下畏之. 齊明盛服, 非禮不動, 所以修身也. 去讒遠色, 賤貨而貴德, 所以勸賢也. 尊其位, 重其祿, 同其好惡, 所以勸親親也. 官盛任使, 所以勸大臣也. 忠信重祿, 所以勸士也. 時使薄斂, 所以勸百姓也. 日省月試, 既稟稱事, 所以勸百工也. 送往迎來, 嘉善而矜不能, 所以柔遠人也. 繼絕世, 擧廢國, 治亂持危, 朝聘以時, 厚往而薄來, 所以懷諸侯也. 凡爲天下國家有九經, 所以行之者一也. 凡事豫則立, 不豫則廢. 言前定則不跲, 事前定則不困, 行前定則不疚, 道前定則不窮. 在下位不獲乎上, 民不可得而治矣. 獲乎上有道. 不信乎朋友, 不獲乎上矣. 信乎朋友有道. 不順乎親, 不信乎朋友矣. 順乎親有道. 反諸身不誠, 不順乎親矣. 誠身有道. 不明乎善, 不誠乎身矣. 誠者, 天之道也. 誠之者, 人之道也. 誠者不勉而中, 不思而得, 從容中道, 聖人也. 誠之者, 擇善而固執之者也. 博學之, 審問之, 愼思之, 明辨之, 篤行之. 有弗學, 學之弗能弗措也. 有弗問, 問之弗知弗措也. 有弗思, 思之弗得弗措也. 有弗辨, 辨之弗明弗措也. 有弗行, 行之弗篤弗措也. 人一能之己百之, 人十能之己千之. 果能此道矣, 雖愚必明, 雖柔必強.

제21장

自誠明, 謂之性. 自明誠, 謂之教. 誠則明矣, 明則誠矣.

제22장

唯天下至誠, 爲能盡其性. 能盡其性, 則能盡人之性. 能盡人之性, 則能盡物之性. 能盡物之性, 則可以贊天地之化育. 可以贊天地之化育, 則可以與天地參矣.

제23장

其次致曲, 曲能有誠, 誠則形, 形則著, 著則明, 明則動, 動則變, 變則化, 唯天下至誠爲能化.

제24장

至誠之道, 可以前知. 國家將興, 必有禎祥. 國家將亡, 必有妖孽. 見乎蓍龜, 動乎四體. 禍福將至. 善, 必先知之. 不善, 必先知之. 故至誠如神.

제25장

誠者自成也, 而道自道也. 誠者物之終始, 不誠無物. 是故君子誠之爲貴. 誠者非自成己而已也, 所以成物也. 成己, 仁也. 成物, 知也. 性之德也, 合外內之道也, 故時措之宜也.

제26장

故至誠無息. 不息則久, 久則徵, 徵則悠遠, 悠遠則博厚, 博厚則高明. 博厚, 所以載物也. 高明, 所以覆物也. 悠久, 所以成物也. 博厚配地, 高明配天, 悠久無疆. 如此者, 不見而章, 不動而變, 無爲而成. 天地之道, 可一言而盡也. 其爲物不貳, 則其生物不測. 天地之道, 博也, 厚也, 高也, 明也, 悠也, 久也. 今夫天, 斯昭昭之多, 及其無窮也, 日月星辰繫焉, 萬物覆焉. 今夫地, 一撮土之多, 及其廣厚, 載華嶽而不重, 振河海而不洩, 萬物載焉. 今夫山, 一卷石之多, 及其廣大, 草木生之, 禽獸居之, 寶藏興焉. 今夫水, 一勺之多, 及其不測, 黿鼉·蛟龍·魚鱉生焉, 貨財殖焉. 詩云 : "維天之命, 於穆不已!" 蓋曰天之所以爲天也. "於乎不顯! 文王之德之純!" 蓋曰文王之所以爲文也, 純亦不已.

제27장 ••

大哉聖人之道! 洋洋乎! 發育萬物, 峻極于天. 優優大哉! 禮儀三百, 威儀三千. 待其人而後行. 故曰苟不至德, 至道不凝焉. 故君子尊德性而道問學, 致廣大而盡精微, 極高明而道中庸. 溫故而知新, 敦厚以崇禮. 是故居上不驕, 爲下不倍, 國有道其言足以興, 國無道其默足以容. 詩曰 : "旣明且哲, 以保其身." 其此之謂與!

제28장 ••

子曰 : "愚而好自用, 賤而好自專, 生乎今之世, 反古之道. 如此者, 災及其身者也." 非天子, 不議禮, 不制度, 不考文. 今天下車同軌, 書同文, 行同倫. 雖有其位, 苟無其德, 不敢作禮樂焉. 雖有其德, 苟無其位, 亦不敢作禮樂焉. 子曰 : "吾說夏禮, 杞不足徵也. 吾學殷禮, 有宋存焉. 吾學周禮, 今用之, 吾從周."

제29장 ••

王天下有三重焉, 其寡過矣乎! 上焉者雖善無徵, 無徵不信, 不信民弗從. 下焉者雖善不尊, 不尊不信, 不信民弗從. 故君子之道, 本諸身, 徵諸庶民, 考諸三王而不繆, 建諸天地而不悖, 質諸鬼神而無疑, 百世以俟聖人而不惑. 質諸鬼神而無疑, 知天也. 百世以俟聖人而不惑, 知人也. 是故君子動而世爲天下道, 行而世爲天下法, 言而世爲天下則. 遠之則有望, 近之則不厭. 詩曰 : "在彼無惡, 在此無射. 庶幾夙夜, 以永終譽!" 君子未有不如此而蚤有譽於天下者也.

제30장

仲尼祖述堯舜, 憲章文武. 上律天時, 下襲水土. 辟如天地之無不持載, 無不覆幬, 辟如四時之錯行, 如日月之代明. 萬物並育而不相害, 道並行而不相悖, 小德川流, 大德敦化, 此天地之所以爲大也.

제31장

唯天下至聖, 爲能聰明睿知, 足以有臨也. 寬裕溫柔, 足以有容也. 發強剛毅, 足以有執也. 齊莊中正, 足以有敬也. 文理密察, 足以有別也. 溥博淵泉, 而時出之. 溥博如天, 淵泉如淵. 見而民莫不敬, 言而民莫不信, 行而民莫不說. 是以聲名洋溢乎中國, 施及蠻貊. 舟車所至, 人力所通. 天之所覆, 地之所載, 日月所照, 霜露所隊. 凡有血氣者, 莫不尊親, 故曰配天.

제32장••

唯天下至誠, 爲能經綸天下之大經, 立天下之大本, 知天地之化育. 夫焉有所倚? 肫肫其仁! 淵淵其淵! 浩浩其天! 苟不固聰明聖知達天德者, 其孰能知之?

제33장••

詩曰 : "衣錦尙絅". 惡其文之著也. 故君子之道, 闇然而日章. 小人之道, 的然而日亡. 君子之道, 淡而不厭, 簡而文, 溫而理, 知遠之近, 知風之自, 知微之顯, 可與入德矣. 詩云 : "潛雖伏矣, 亦孔之昭!" 故君子內省不疚, 無惡於志. 君子之所不可及者, 其唯人之所不見乎. 詩云 : "相在爾室, 尙不愧于屋漏." 故君子不動而敬, 不言而信. 詩曰 : "奏假無言, 時靡有爭." 是故君子不賞而民勸, 不怒而民威於鈇鉞. 詩曰 : "不顯惟德! 百辟其刑之." 是故君子篤恭而天下平. 詩云 : "予懷明德, 不大聲以色." 子曰 : "聲色之於以化民, 末也." 詩曰 : "德輶如毛." 毛猶有倫. "上天之載, 無聲無臭", 至矣!

황갑연

황갑연은 臺灣 東海大學 哲學硏究所에서 『陸象山 道德哲學之硏究』로 석사학위를, 『心學的 道德形上學硏究』(지도교수 蔡仁厚)로 박사학위를 취득했다.

황갑연의 학술연구 진행은 다음 3단계로 설명할 수 있다. 1단계, 1996년 귀국 이후 약 5년 동안 심학에 관한 논문과 저술을 학계에 집중 발표하면서 주자 성리학 중심의 한국 학술계의 연구에 다양성을 제공했다. 牟宗三의 대표작인 『心體與性體』 번역이 이 시기의 대표적 연구 결과이다. 2단계, 육구연과 왕양명 중심의 心學과 정이천과 주자 중심의 理學을 학술발전사 관점에서 재조명했다. 그 연구 결과가 『리학·심학 논쟁』이다. 3단계, 주요 연구 분야는 유가철학에서 도덕과 문학예술 그리고 과학지식의 관계를 어떻게 정립하는가에 관한 것이다. 도덕과 문학예술 그리고 과학지식의 유기적 관련성에 대해서는 전통적인 유가 철학의 입장을 수용하지만, 주종적 관계에 대해서는 비판적 태도를 취한다.이에 대한 연구 결과가 『문도론』이다.

저서로 『리학·심학 논쟁』·『동양철학과 문자학』 외 14권이 있고, 역서로 『心體와 性體』 외 6권이 있으며, 논문으로는 「조선성리학자의 양명학 비판 논거에 대한 비판적 성찰」(퇴계 학보) 외 63편이 있다.

현재 전북대학교 철학과 교수로 재직하고 있다.

달섬 세계고전 20

기울지 않는 추 중용

역　주 황갑연
펴낸이 김동원
펴낸곳 달섬

초판 1쇄 인쇄 2020. 12. 01.
초판 1쇄 발행 2020. 12. 15.

달섬 전라북도 전주시 완산구 어진길 32 (풍남동2가)
전화 (063) 219-5322
FAX (063) 219-5323
출판등록 2012년 8월 20일 제465-2012-000021호

값 10,000원

ISBN 979-11-6372-107-9　　04820
ISBN 979-11-6372-001-0(세트)　　04080

이 도서의 국립중앙도서관 출판예정도서목록(CIP)은 서지정보유통지원시스템 홈페이지(http://seoji.nl.go.kr)와 국가자료종합목록 구축시스템(http://kolis-net.nl.go.kr)에서 이용하실 수 있습니다. (CIP제어번호 : CIP2020049296)

'달섬'은 전북대학교출판문화원의 임프린트입니다.